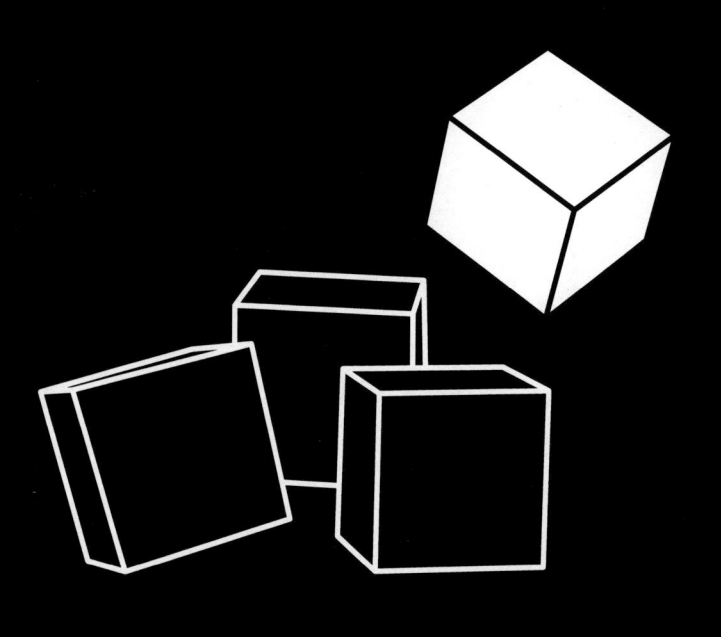

Os desafios e as superações
na construção coletiva do
Projeto Político-Pedagógico

SÉRIE PROCESSOS EDUCACIONAIS

EDITORA
intersaberes

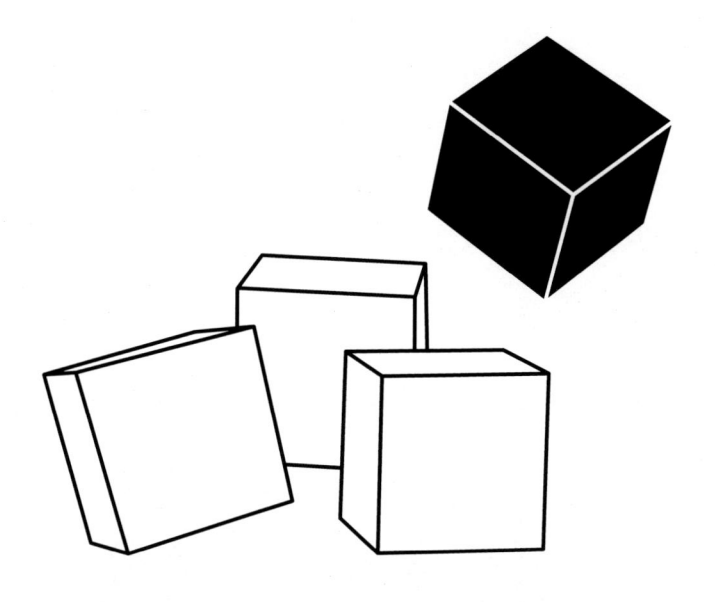

Benjamin Perez Maia
Margarete Terezinha de Andrade Costa

Os desafios e as superações na construção coletiva do Projeto Político-Pedagógico

CEP 81200-170 • Curitiba • PR • Brasil
Fone: [41] 2106-4170
www.intersaberes.com
editora@editorainstersaberes.com.br

Conselho Editorial	Dr. Ivo José Both (presidente)
	Drª. Elena Godoy
	Dr. Nelson Luís Dias
	Dr. Neri dos Santos
	Dr. Ulf Gregor Baranow
Editora-chefe	Lindsay Azambuja
Supervisora editorial	Ariadne Nunes Wenger
Analista editorial	Ariel Martins
Análise de informação	Silvia Kasprzak
Análise de língua	Keila Nunes Moreira
Capa	Stefany Conduta Wrublevski
Projeto gráfico	Frederico Santos Burlamaqui

Dados Internacionais de Catalogação na Publicação (CIP)
(Câmara Brasileira do Livro, SP, Brasil)

Maia, Benjamin Perez
Os desafios e as superações na construção coletiva do projeto político-pedagógico / Benjamin Perez Maia, Margarete Terezinha de Andrade Costa. – Curitiba: InterSaberes, 2013. – (Série Processos Educacionais).

Bibliografia.
ISBN 978-85-8212-668-4

1. Educação – Brasil 2. Escolas – Administração e organização 3. Escolas – Projeto 4. Pedagogia 5. Planejamento educacional I. Costa, Margarete Terezinha de Andrade II. Título. III. Série.

12-10060   CDD-371.102

Índices para catálogo sistemático:
1. Projeto político-pedagógico: Escolas:
Educação 371.102

1ª edição, 2013.
Foi feito o depósito legal.

Informamos que é de inteira responsabilidade dos autores a emissão de conceitos.
Nenhuma parte desta publicação poderá ser reproduzida por qualquer meio ou forma sem a prévia autorização da Editora InterSaberes.
A violação dos direitos autorais é crime estabelecido na Lei nº 9.610/1998 e punido pelo art. 184 do Código Penal.

Sumário

Apresentação, 11
Introdução, 13

1 Projeto Político-Pedagógico: conceitos, 15
1.1 O Projeto Político-Pedagógico (PPP), 17
1.2 Origens, bases históricas e evolução, 20
1.3 A concepção do PPP no Brasil, 22
1.4 Regulamentação: amplitude das leis e/ou decretos, 24

2 Dimensões e princípios orientadores do PPP, 33
2.1 A logística escolar, 35
2.2 Funções atribuídas ao PPP, 40
2.3 Princípios norteadores do PPP, 41
2.4 Os atos ou marcos que constituem o PPP, 44

3 O PPP e a democratização da realidade local, 53
3.1 O PPP e a democratização do país, 55
3.2 A escola e seus desafios, 56
3.3 O respeito às diferenças sociais, 59
3.4 O trabalho escolar, 61

4 A gestão democrática e a construção do PPP, 71
4.1 A gestão democrática e participativa, 74
4.2 A estrutura organizacional da gestão democrática, 74
4.3 Instâncias colegiadas, 84
4.4 Dificuldades encontradas na construção coletiva do PPP, 93
4.5 A participação efetiva e consciente do pedagogo, 95
4.6 Comunidade e escola, 97

5 Modelo de construção democrática do PPP, 109
5.1 Questões básicas para a construção coletiva do PPP, 113

Considerações finais, 129
Referências, 131
Bibliografia comentada, 137
Respostas, 139
Nota sobre os autores, 143

*Dedicamos este livro a todos aqueles que veem no
outro um ser humano...
A todos que nos veem como seres humanos...
A todos que são verdadeiramente seres humanos...*

Agradecemos aos olhares que passam por nós nos corredores das instituições de ensino, dentro e fora da escola. Olhares que seguem os caminhos e nos mostram novos.

Apresentação

Este trabalho é a realização de um sonho, sonho coletivo, sonhado no dia a dia do trabalho escolar. Não poderia ser diferente para quem vive com o pé no chão da escola, como nós, professores[1], que buscamos a sua constante melhoria.

Trabalhar com um projeto dessa amplitude e importância exige muito compromisso, tanto pedagógico quanto político, principalmente confrontando-o com as diferentes realidades e a vontade de que tal projeto se efetive concretamente.

Assim, debruçamo-nos neste sentido: levar uma proposta clara, simples, porém eficaz e concreta para as diferentes realidades escolares no país. Dessa forma, na sequência daremos um breve resumo do que será exposto em cada capítulo desta obra.

No primeiro capítulo é apresentado o conceito de Projeto Político-Pedagógico, suas origens e concepções e sua regulamentação. Dando continuidade, no segundo capítulo estão expressos as suas dimensões e princípios orientadores, como o planejamento e a implementação, as funções atribuídas, os princípios e as finalidades.

A analogia entre o Projeto Político-Pedagógico e a realidade local, com a identificação da principal função deste documento e também da escola, o pluralismo e o respeito às diferenças e a unidade do trabalho escolar são contemplados no terceiro capítulo.

---

[1] Optamos, neste trabalho, pela substituição do termo *professor* por *educador docente* e do termo *funcionário* por *educador não docente*, pois acreditamos que todos os que trabalham na educação são, de uma forma ou de outra, educadores.

No quarto capítulo, são apresentados os elementos da gestão democrática e a construção do Projeto Político-Pedagógico por meio de estratégias de gestão, da estrutura organizacional e das instâncias colegiadas, papéis do diretor e da equipe pedagógica.

No quinto e último capítulo, há uma proposta de modelo de construção democrática do Projeto Político-Pedagógico de uma escola por meio de questionamentos necessários para sua efetivação. Há uma tentativa de mostrar os caminhos de como se faz um projeto na prática.

Assim, mostramos um pouco do que pensamos e vivemos no interior da escola. Não podemos afirmar que tudo foi dito, mas o caminho foi traçado. Cabe agora que cada um siga o seu caminho em busca da transformação social através do universo educacional.

Que todos tenhamos um "bom caminho"!

Introdução

No Brasil, a educação básica organiza-se de acordo com as diretrizes gerais (Lei de Diretrizes e Bases da Educação Nacional – LDBEN), que têm como finalidade a formação comum, igualitária, para toda a população. Tais diretrizes pretendem atender às necessidades de cada realidade, daí a relevância de um Projeto Político-Pedagógico próprio de cada comunidade escolar. Com a bandeira da autonomia e com as bases nacionais comuns (LDBEN), cada escola tem a possibilidade de definir e de desenvolver seu próprio projeto. Um projeto educativo deve promover o crescimento dos alunos em relação à compreensão do mundo e à possibilidade de participarem deste de forma dinâmica.

Um trabalho com toda essa dimensão exige dedicação, tempo e uma grande parcela de compromisso político e pedagógico de todos os atores envolvidos no processo. Desde os seus primeiros passos, a visão democrática deve ser instaurada e desenvolvida, mesmo diante de percalços comuns nesse tipo de trabalho, pois a definição de intenções, a identificação e a análise das dificuldades, o apontamento de metas e os objetivos comuns são exercícios árduos e complexos. E não se pode deixar de buscar – mesmo que, a princípio, utopicamente – a transformação da realidade das coisas, ou seja, buscar a melhoria das pessoas, da sociedade e da educação.

Uma das principais discussões que colocamos aqui é sobre a consciência política e crítica almejada. Gandin e Gandin (2003) afirmam que há a necessidade de consciência política por parte dos professores para haver uma visão global de sociedade, homem, cultura e educação.

Nessa perspectiva, devemos ampliar o debate político sobre as práticas sociais, culturais e educacionais que dão sentido de pertencimento aos seus partícipes, bem como desmascaram as diversas formas de manifestações das relações autoritárias estabelecidas na prática escolar nos diferentes segmentos que compõem a organização do processo da escola. Com essa visão ocorre a ampliação e a contribuição para a construção de novas formas de organização escolar, cuja finalidade é assegurar a todos a igualdade de acesso e a permanência no espaço escolar, contribuindo, assim, para a efetiva construção de uma educação mais democrática e, consequentemente, mais humana.

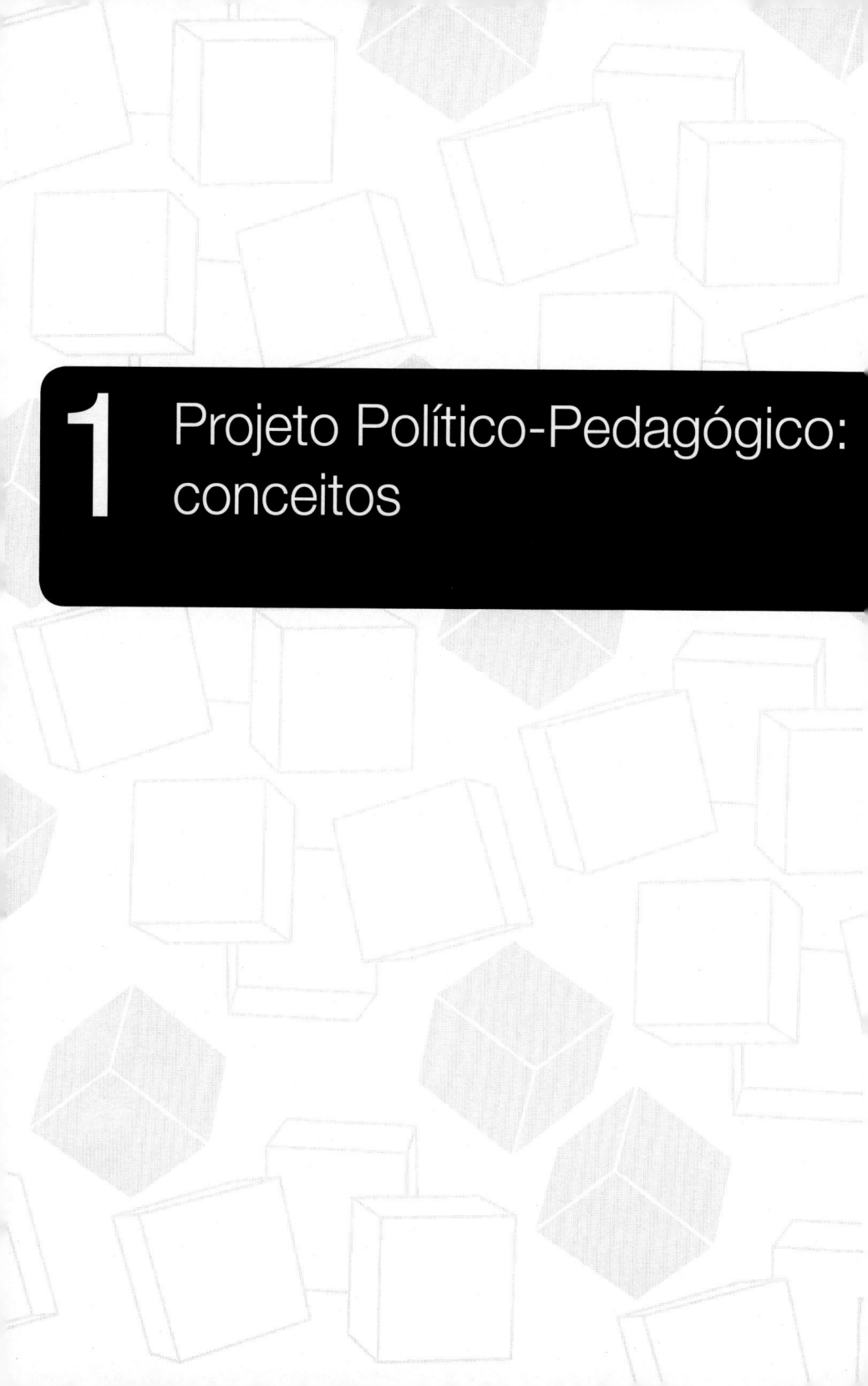

1 Projeto Político-Pedagógico: conceitos

> "*Sou uma coisa que pensa, isto é, que duvida, que afirma, que conhece poucas coisas, que ignora muitas, que ama, que odeia, que quer e não quer, que também imagina e que sente*".
>
> (Descartes, 2001, p. 32)

A análise do conceito e da evolução do Projeto Político-Pedagógico (PPP) no contexto escolar brasileiro nos remete à reflexão de diferentes tempos: suas origens, concepções e regulamentações legais.

1.1 O Projeto Político-Pedagógico (PPP)[2]

Para entendermos o que é o PPP, é relevante pensarmos o trabalho dos profissionais da escola tanto no âmbito local quanto nas esferas políticas e educacionais. A busca pela formação dos alunos – no planejamento das aulas, na metodologia, na avaliação, nos planos de ensino e em sua efetivação – é o centro do trabalho do profissional na escola e da educação. Assim, o PPP estabelece o tipo de formação que se oferece ou se quer proporcionar na instituição escolar.

Sabemos que, perante todo e qualquer estudo, faz-se necessário buscar o significado etimológico dos termos analisados. Nesse contexto, *projeto* é uma palavra derivada da palavra latina *projectus*, que significa "algo lançado para frente", isto é, algo que vai acontecer, que é antecipado. A partir dessa definição é que iniciamos a análise do PPP: como algo que deve ser pensado, projetado. Cabe-nos salientar que o ato de pensar o futuro é um

---

2   Doravante a expressão *Projeto Político-Pedagógico* será representada pela sigla PPP.

ato exclusivamente humano e prevê uma concepção de vida, de ser humano, de sociedade, de mundo, de escola e de cidadania. Ele é também próprio, isto é, não se pode planejar por outro; assim, cada instituição deve ter seu projeto próprio e característico, sempre com referência ao contexto em que a escola está inserida.

Nas palavras de Gadotti (1994, p. 579):

> Todo projeto supõe rupturas com o presente e promessas para o futuro. Projetar significa tentar quebrar um estado confortável para arriscar-se, atravessar um período de instabilidade e buscar uma nova estabilidade em função da promessa que cada projeto contém de estado melhor do que o presente. Um projeto educativo pode ser tomado como promessa frente a determinadas rupturas. As promessas tornam visíveis os campos de ação possível, comprometendo seus atores e autores.

A palavra *política* vem do termo grego *politika*, que por sua vez deriva de *polis*, que significa "cidade", ou seja, uma comunidade organizada por cidadãos – *politikos* – com seus respectivos direitos e deveres. Segundo a descrição de Chauí et al. (2006), o termo grego *politiké* significa "a arte de governar cidades". Os autores referem-se ao ato de governar bem, através de princípios e objetivos, utilizando táticas e estratégias.

É importante percebermos a necessária importância da palavra *política*. Esta relaciona os desejos e interesses dos profissionais da educação aos interesses reais e coletivos da comunidade escolar. O termo *político* refere-se à busca pela garantia do compromisso com a formação cidadã, a qual é realmente participativa, responsável, comprometida, crítica e criativa. Segundo Saviani (1983, p. 93): "A dimensão política se cumpre na medida em que ela se realiza enquanto prática especificamente pedagógica". O político na educação está a serviço do pedagógico, que, por sua vez, volta-se à formação humana em sua totalidade.

A palavra *pedagógica* é um adjetivo que se refere à ciência ou à disciplina da pedagogia. Ela traz como necessidade a reflexão, a organização e a sistematização do processo educativo, o qual abarca a escolarização em todos os seus aspectos. Aqui se faz necessário lembrarmos que o ato educativo está vinculado diretamente a fatores sociais e políticos diferentes da ideia etimológica da palavra: na Grécia antiga, *paidós* significava "criança" e *agogé*, "condução", assim, pedagogo era aquele que conduzia as crianças – geralmente tratava-se de um escravo a serviço de seus senhores (Ghiraldelli Junior, 2007).

Fazendo as devidas junções, temos que o PPP é a concretização do processo mental coletivo escolar, com a finalidade de construir, de forma dinâmica, socializadora e crítica, uma instituição constituída por cidadãos e formadora destes.

Segundo Veiga (2004, p. 12):

> Ao construirmos os projetos de nossas escolas, planejamos o que temos intenção de fazer, de realizar. Lançamos para diante, com base no que temos, buscando o possível. Nessa perspectiva, o projeto político-pedagógico vai além de um simples argumento de planos de ensino e de atividades diversas.

O PPP é, assim, um processo democrático e permanente de reflexão e de discussão dos problemas escolares. Nesse contexto, a sua elaboração é um processo exclusivo da escola para a escola, contando com a real participação de todos seus partícipes e com sua plena efetivação. Fica claro que o PPP como um documento estanque, elaborado somente por especialistas entre quatro paredes, não é essencial e suficiente para os avanços necessários de uma educação comprometida com os interesses e as necessidades de uma cidadania plena. Conforme Freitas (2004, p. 69):

> O projeto pedagógico não é uma peça burocrática e sim um instrumento de gestão e de compromisso político e pedagógico coletivo. Não é feito para ser mandado para alguém ou algum setor, mas sim para ser usado como referência para as lutas da escola. É um resumo das condições e funcionamento da escola e ao mesmo tempo um diagnóstico seguido de compromissos aceitos e firmados pela escola consigo mesma – sob o olhar atento do poder público.

Dessa forma, ele tem como atribuição deliberar questões administrativas, pedagógicas, financeiras, políticas, gerenciais e todas as ações que garantam as reais funções da escola. A ele também se atribui a representação de todas as diferentes instâncias que permeiam e margeiam a comunidade escolar local.

Representa, assim, um espaço de participação e decisão, no qual serão registradas as diretrizes retiradas das negociações e os encaminhamentos educacionais discutidos coletivamente. Nele se definem rumos e prioridades das escolas, numa perspectiva emancipadora, que considera os interesses e as necessidades sociais. É, enfim, um documento que representa a democratização escolar em sua forma plena.

1.2 Origens, bases históricas e evolução

A busca pela melhoria da qualidade de ensino está diretamente relacionada com a ideia da construção de um projeto pedagógico que seja efetivamente coletivo. Nesse contexto, sua origem coincide com a busca do processo democrático brasileiro.

Sabemos que a transformação do ser humano e da história é resultante das necessidades das duas existências. As ideias concebidas pelo ser humano representam o que ele faz, seu modo de vida, de relação com os outros e com o mundo. Nesse sentido, a "realidade é um dado objetivo (constante e durável) e também subjetivo (por isso dinâmico), na medida em que o sujeito é parte constituinte do ser social" (Kosik, 1995, p. 48). Diante da dinâmica social e das mudanças que ocorrem no processo histórico da atualidade, somente uma ação de construção participativa dará conta das necessidades educacionais que a atingem.

Para a análise da efetivação do PPP, é necessário situá-lo no contexto histórico e entender que as relações sociais e políticas intervêm e determinam a sua natureza. Ao compreendermos a história como palco das determinações pedagógicas, entendemos seus processos e suas reais necessidades.

Cabe-nos, assim, retroceder ao final da década de 1970, época em que a organização da classe trabalhadora, através dos sindicatos e associações, buscava a retomada da identidade cidadã, e o Estado, desmoralizado após a repressão, procurava a adesão popular no combate ao dito *comunismo*. Momentos significativos para que, na década de 1980, tivesse início o novo período democrático. De acordo com Frigotto (1995), o contexto propiciou o debate sobre o papel político da educação e de sua democratização, por meio da procura por uma educação para todos e de qualidade social.

O "novo" projeto de educação para o país, discutido na década de 1980, gerou a necessidade de se estabelecer novas políticas e diretrizes para a educação e, consequentemente, a construção de PPPs para as escolas.

A década de 1990, ainda conforme Frigotto (1995), ressaltou o discurso de cunho neoliberal. Assim, a educação passou de direito à bem de consumo. Ela servia para preparar o novo trabalhador para a busca da melhor produtividade, deixando de lado a formação humana e a conscientização política e cidadã.

Esse processo esconde uma contradição, pois, ao ampliar o controle e a avaliação dos processos escolares aos seus participantes, dá uma falsa ideia de autonomia e melhoria na qualidade da educação, responsabilizando-os também pelos fracassos e maus resultados. Porém, sem os devidos recursos, os objetivos estabelecidos não são alcançados, ficando somente para a escola a responsabilidade de suas fragilidades. O projeto neoliberal mantém-se na última LDBEN (Lei nº 9.394/1996[3]).

Segundo Gadotti (1994, p. 33):

> A crise paradigmática também atinge a escola e ela se pergunta sobre si mesma, sobre seu papel como instituição numa sociedade pós-moderna e pós-industrial, caracterizada pela globalização da economia e das comunicações, pelo pluralismo político, pela emergência do poder local. Nessa sociedade cresce a reivindicação pela autonomia contra toda forma de uniformização e o desejo de afirmação da singularidade de cada região, de cada língua etc.

Podemos entender, a partir dessa citação, que o PPP tem a finalidade de promover uma reflexão coletiva e a explicitação da compreensão e das intenções políticas do trabalho da instituição escolar, dos objetivos educacionais e da organização do conjunto de ações, relações e práticas pedagógicas para a melhoria da qualidade do ensino.

---

3   Para consultar a Lei nº 9.394/1996 na íntegra, acesse o *site*: <http://www.planalto.gov.br/CCIVIL/LEIS/l9394.htm>.

No entanto, houve um equívoco no encaminhamento desse processo, uma vez que a construção do PPP foi imposta sem uma ampla discussão e preparação dos profissionais das escolas. Além disso, a participação dos diversos segmentos da comunidade escolar no processo de reflexão e de tomada de decisão no interior da maioria das instituições escolares ainda era bastante prematuro, o que acabou comprometendo a sua legitimidade. Por fim, a direção e a equipe pedagógica das escolas ficaram com a responsabilidade de produzir o documento e encaminhá-lo aos órgãos oficiais para aprovação.

Desse modo, a construção do PPP atendeu apenas a uma formalidade, negando os fundamentos teóricos que o consagram como instrumento de gestão democrática e de intervenção no trabalho educativo escolar.

Segundo Veiga (2004, p. 56):

> Para a construção do projeto político-pedagógico, devemos ter claro o que se quer fazer e por que vamos fazê-lo. Assim, o projeto não se constitui na simples produção de um documento, mas na consolidação de um processo de ação-reflexão-ação que exige o esforço conjunto e a vontade política do coletivo escolar.

Assim, o conjunto de profissionais da educação tem procurado compreender melhor o que vem a ser o PPP, sua função e sua importância na implantação e consolidação de uma gestão democrática. No entanto, tem sido tarefa bastante difícil o convencimento de educadores docentes e não docentes, educandos, pais, mães ou responsáveis e representantes da comunidade local de que a construção do PPP é fundamental no direcionamento da ação coletiva, cuja finalidade está relacionada à transformação da prática escolar e social.

1.3 A concepção do PPP no Brasil

Sendo um país democrático, pressupomos a participação de uma grande variedade de opiniões e interesses, assim como a preocupação com uma forma organizada de trabalho que desvele os conflitos e as contradições resultantes da exposição da diversidade humana.

A Constituição Federal de 1988 trouxe mudanças significativas no que se refere à democratização. No âmbito educacional, o art. 206, inciso IV, traz avanços quanto à gestão democrática no ensino público, oportunizando a prática democrática no cotidiano escolar. A partir daí, apontou-se novas formas de organização e de administração do sistema educacional, tendo como objetivo a universalização do ensino. Desde a década de 1990 há formulações sobre a gestão da educação, principalmente sobre uma gestão que seja especificamente democrática. Daí surge uma discussão que vai além aos aspectos e características específicos do ensino – como problemas e questões administrativas no setor da educação –, principalmente quanto à descentralização administrativa, inclusive referente aos recursos financeiros, os quais, ao serem transferidos às escolas, conferem-lhes maior autonomia e melhores adequações às condições locais. Daí a necessidade da participação dos sujeitos envolvidos no processo educacional das escolas. Desse modo, o modelo de gestão do ensino público é calcado na participação e na descentralização administrativa dos recursos e das responsabilidades.

Veiga (2004, p. 11) destaca as seguintes características que um projeto pedagógico deve apresentar em sua concepção:

a. ser processo participativo de decisões;
b. preocupar-se em instaurar uma forma de organização de trabalho pedagógico que desvele os conflitos e as contradições;
c. explicitar princípios baseados na autonomia da escola, na solidariedade entre os agentes educativos e no estímulo à participação de todos no projeto comum e coletivo;
d. conter opções explícitas na direção de superar problemas no decorrer do trabalho educativo voltado para uma realidade específica;
e. explicitar o compromisso com a formação do cidadão.

Conforme a mesma autora (Veiga, 2004, p. 11), um PPP de qualidade, em sua execução, deve:

a. nascer da própria realidade, tendo como suporte a explicitação das causas dos problemas e das situações nas quais tais problemas aparecem;

b. ser exequível e prever as condições necessárias ao desenvolvimento e à avaliação;
c. ser uma ação articulada de todos os envolvidos com a realidade da escola;
d. ser construído continuamente, pois como produto, é também processo.

Logo, a participação coletiva, além de constituir uma prática de resistência às relações do poder autoritário das organizações educacionais, possibilita o desenvolvimento de diferentes formas de interações sociais, as quais fundamentam a nova organização escolar. O texto deve explicitar a dinâmica do processo de construção coletiva, porque se articula à ideia de que a educação escolar, como prática social mediadora, pode ser um instrumento de crítica e de transformação da realidade educacional do Brasil (Saviani, 1983).

1.4 Regulamentação: amplitude das leis e/ou decretos

É importante, quando tratamos de educação, conhecer a legislação que a sustenta e viabiliza o funcionamento de suas determinações, assim como os seus objetivos, limites e possibilidades.

A Constituição de 1988[4] – Carta Magna Brasileira –, em seu art. 206, assumido e homologado no art. 3º da Lei nº 9.394/1996 (LDBEN), traz como princípio norteador da educação escolar a "gestão democrática do ensino público, na forma desta Lei e da legislação dos sistemas de ensino [...]".

A gestão democrática é posta, assim, além de sua legalidade, como um desafio aos atores das escolas, visto que requer a construção de uma cidadania emancipadora e autônoma, em um cenário participativo, coletivo e crítico. Realidade diferente das vivenciadas pela maioria da população brasileira.

---

4   Para consultar a Constituição (1988) na íntegra, acesse o *site*:
    <http://www.planalto.gov.br/ccivil_03/constituicao/constitui%C3%A7ao.htm>.

Daí a necessidade de refletirmos sobre a realidade nacional e local para a construção de um PPP que reflita as reais necessidades de sua existência autônoma. A autonomia está assegurada na Lei nº 9.394/1996 (LDBEN), art. 12, a qual diz claramente que é incumbência da escola elaborar o seu projeto pedagógico:

> Art. 12. Os estabelecimentos de ensino, respeitadas as normas comuns e as do seu sistema de ensino, terão a incumbência de:
> I – elaborar e executar sua proposta pedagógica; [...].

O art. 13 da LDBEN volta-se às atribuições dos docentes, dizendo que a eles cabe o zelo pelo processo de ensino-aprendizagem e o compromisso profissional e ético na sociedade do conhecimento.

> Art. 13. Os docentes incumbir-se-ão de:
> I – participar da elaboração da proposta pedagógica do estabelecimento de ensino;
> II – elaborar e cumprir plano de trabalho, segundo a proposta pedagógica do estabelecimento de ensino.

No art. 14 é confirmada a necessidade da visão democrática:

> Art. 14. Os sistemas de ensino definirão as normas da gestão democrática do ensino público na educação básica, de acordo com as suas peculiaridades e conforme os seguintes princípios:
> I – participação dos profissionais da educação na elaboração do projeto pedagógico da escola;
> II – participação das comunidades escolar e local em conselhos escolares ou equivalentes.

Podemos observar nesse artigo limitações dadas pela indefinição, pela limitação quanto a prescrição que os profissionais da educação participem da elaboração do PPP da escola, e as comunidades, dos conselhos escolares ou equivalentes.

No art. 15 é contemplada a autonomia da escola para gestão participativa:

> Art. 15. Os sistemas de ensino assegurarão às unidades escolares públicas de educação básica que os integram progressivos graus de autonomia pedagógica e administrativa e de gestão financeira, observadas as normas gerais de direito financeiro público.

Esse artigo tem em vista a concepção de descentralização da responsabilidade, o que difere de autonomia, pois não há democratização do poder do Estado, que só será possível com a participação da sociedade cível organizada nas decisões de políticas educacionais.

A LDBEN oficializa a construção do PPP, porém as dificuldades de sua efetivação são, por vezes, históricas. Sobre essa instauração, Gadotti e Romão (1997, p. 36) apresentam as seguintes limitações:

> a) a nossa pouca experiência democrática; b) a mentalidade que atribui aos técnicos e apenas a eles a capacidade de planejar e governar e que considera o provo incapaz de exercer o governo ou de participar de um planejamento coletivo em todas as suas faces; c) a própria estrutura de nosso sistema educacional que é vertical; d) o autoritarismo que impregnou nossa prática educativa; e o tipo de liderança que tradicionalmente domina nossa atividade política no campo educacional.

São visíveis as limitações nesse campo, as quais transcendem a vontade política e necessitam de superação para a busca pela autonomia na construção das relações pedagógicas.

O art. 10 da LDBN prevê, em seu inciso III, a existência de Planos Estaduais de Educação:

> Art. 10. [...]
> III – elaborar e executar políticas e planos educacionais, em consonância com as diretrizes e planos nacionais de educação, integrando e coordenando as suas ações e as dos seus Municípios;[...].

Podemos articular esses artigos com as diretrizes da Lei nº 10.172[5], de 9 de janeiro de 2001 – Plano Nacional de Educação (PNE) –, a qual demonstra entre seus objetivos a seguinte determinação legal:

> democratização da gestão do ensino público, nos estabelecimentos oficiais, obedecendo aos princípios da participação dos profissionais da educação na elaboração do projeto pedagógico da escola e a participação das comunidades escolar e local em conselhos escolares ou equivalentes.

---

5   Para consultar a Lei nº 10.172/2001 na íntegra, acesse o *site*: <http://www.planalto.gov.br/ccivil_03/leis/leis_2001/l10172.htm>.

Fica clara e concisa, com base na legislação, a necessidade de um trabalho coletivo e democrático na construção das determinações de cada escola. Entendemos também que tal procedimento é um alicerce para a conscientização e a socialização e, ainda, que toda ação reflete uma amplitude e um alcance necessários para a real democratização do país.

Síntese

O PPP, em seu sentido genérico, resume-se ao processo de esclarecer objetivos e linhas de ação adequadas para alcançá-los. Assim, ele deve estar relacionado aos interesses dos profissionais da educação, somados à comunidade escolar, na busca de uma transformação social.

Possui ainda um caráter antecipatório, com atribuições deliberativas tanto no âmbito administrativo quanto pedagógico, financeiro e gerencial. Dessa forma, ele reflete a democratização escolar.

Como resultado de um processo histórico, é um documento necessário para o exercício da reflexão coletiva na construção de um estado democrático.

Seu processo democrático tem base na Constituição de 1988 e na LDBEN de 1996, que apregoa a incumbência da escola na construção de uma proposta pedagógica de forma coletiva.

Indicações culturais

Filmes

MESTRADO da vida. Direção: Josias Pereira. Produção: Josias Pereira e Marislova Carvalho. Brasil: ERD Filmes, 2006. 11 min.

Nesse filme podemos perceber a escola como mediadora entre o saber sistematizado pela humanidade, por meio de estudos e pesquisas científicas, e o da classe trabalhadora, e como ela (a escola) tem trabalhado com essa mediação. Também abre espaço para discutir quais os conhecimentos que chegam aos alunos por meio dos professores e da equipe pedagógica. O mais importante para nós é observar que o PPP é o principal documento de planejamento da escola, que expressa um projeto de escola e, consequentemente, de sociedade. Nele estão explicitadas "nossas" concepções e ideais de cidadão e de mundo.

QUANTO vale ou é por quilo? Direção: Sérgio Bianchi. Produção: Patrick Leblanc e Luís Alberto Pereira. Brasil: Riofilme, 2005. 104 min.

Esse filme aponta de que maneira a conservação do modelo social vigente é de interesse de uma determinada classe e como a escola pública reproduz esse modelo.

Atividades de autoavaliação

1. A gestão democrática é um dos pilares de transformação educacional. A base que a sustenta é a autonomia, reflexo da descentralização educativa, escolar e social. Sua construção está respaldada na democracia, pois reflete a liberdade de ação e de decisão no ambiente escolar por meio da ajuda da comunidade, através de suas instâncias. Sobre essa questão, marque (V) para as alternativas verdadeiras e (F) para as falsas:

    ( ) A cidadania tem se constituído em um dos focos de grande interesse de diferentes instâncias da sociedade.

    ( ) Em virtude do processo de redemocratização da sociedade brasileira, após o longo período de mutilação da cidadania, os direitos civis e políticos foram cerceados e ampliou-se o distanciamento que separa o direito e a sua concretização.

    ( ) Ao avanço brasileiro em termos políticos-jurídicos das ideias proclamados da democracia, de acordo com o prescrito na Constituição Federal, os direitos foram ampliados em todas as dimensões: civil, política, social e cultural.

( ) A administração escolar gerida por um profissional com olhos no pedagógico reflete na construção da identidade da educação.

2. Na década de 1980, houve uma efervescência política no Brasil com a presença ativa de movimentos sociais, populares, agrários e comunitários para a transformação do Estado. Cresceu a consciência da necessidade de compartilhar a gestão da esfera pública através da efetiva participação da sociedade na condução das políticas públicas, o que ocasionou o movimento das Diretas Já, que lutou pelo fim do período de governos militares. Essa visão, decorrente do processo de democratização política resultante também dos debates políticos educacionais contra a administração centralizadora, intervencionista, diretiva e burocrática das décadas anteriores, influenciou na administração da escola. Marque (V) para as afirmativas verdadeiras e (F) para as falsas com relação às características dessa época:

( ) Gestão financeira autônoma e centralizada somente nas secretarias estaduais.

( ) Autonomia crescente dos sistemas escolares públicos.

( ) Poder de decisão nas mãos do gestor escolar.

( ) Participação da comunidade nos pareceres das secretarias de educação.

3. Marque (V) para as afirmativas verdadeiras ou (F) para as falsas após a leitura do seguinte excerto de Paro (2003):

> Envolvido, assim, com os inúmeros problemas da escola e enredado nas malhas burocráticas das determinações formais emanadas dos órgãos superiores, o diretor se vê grandemente tolhido em sua função de educador, já que pouco tempo lhe resta para dedicar-se às atividades mais diretamente ligadas aos problemas pedagógicos no interior de sua escola.

A partir dessa assertiva, podemos afirmar:

( ) Um bom exemplo desse fato é a falta de burocracia e de formalismo existente em alguns setores da escola, os quais prejudicam todo o trabalho ali exercido.

( ) O gestor deve ater-se ao trabalho administrativo e deixar o pedagógico para sua equipe pedagógica.

( ) A administração escolar gerida por um profissional com olhos no pedagógico reflete na construção da identidade da educação.

( ) A gestão deve ser realizada pela Secretaria de Educação exclusivamente.

4. A Lei nº 9.394/1996 destaca três principais aspectos: descentralização administrativa, participação da sociedade civil e autonomia crescente dos sistemas e das escolas públicas. Quanto a essa questão, marque (V) para as afirmativas corretas e (F) para as falsas:

( ) A descentralização apregoada pela legislação não implica somente na autonomia administrativa, pedagógica e financeira das escolas, mas estende-se ao corpo docente e ao discente, à família e à comunidade.

( ) O resgate da capacidade de transmitir a cultura traduz a capacidade de possibilitar visões diferenciadas da vida e do mundo.

( ) O resgate da capacidade de transmitir a cultura é criticamente construído para a leitura do panorama financeiro, político e democrático em que se está inserido.

( ) A descentralização apregoada pela legislação implica a sociedade competitiva, centralizadora e que objetiva a manutenção dela mesma.

5. Marque verdadeiro (V) ou falso (F) para a afirmação de Ilma Passos Veiga (2004) quanto às características que um PPP de qualidade deve ter em sua execução:

( ) Nascer da própria realidade, tendo como suporte a explicitação das causas dos problemas e das situações nas quais eles aparecem.

( ) Ser exequível e prever as condições necessárias ao desenvolvimento e à avaliação.

( ) Ser uma ação articulada de todos os envolvidos com a realidade da escola.

( ) Ser construído continuamente, pois, como produto, é também processo.

Atividades de aprendizagem

Questões para reflexão

1. Destaque, de acordo com sua opinião, as prerrogativas operacionais dispostas na Lei nº 9.394/1996 que lhe parecerem mais relevantes em relação ao tema do PPP.

2. Quais as características que um projeto pedagógico deve apresentar em sua concepção?

Atividade aplicada: prática

1. Até onde a escola que você conhece exercita com autonomia (liberdade) as prerrogativas decisórias previstas pela legislação educacional?

2 Dimensões e princípios orientadores do PPP

> "Se sonhamos com uma sociedade menos agressiva, menos injusta, menos violenta, mais humana, o nosso testemunho deve ser o de quem, dizendo não a qualquer possibilidade em face dos fatos, defende a capacidade do ser humano em avaliar, de compreender, de escolher, de decidir e, finalmente, de intervir no mundo".
>
> (Freire, 2007, p. 58-59).

Que dimensões orientadoras e princípios orientadores devemos atribuir ao processo do PPP no âmbito da instituição escolar? A LDBEN apregoa a democratização através do trabalho coletivo. Para tal, há a necessidade de conhecermos o contexto em que a escola está inserida e ter clareza da concepção que embasa os fazeres pedagógicos na escola.

Da mesma forma, conhecer e trabalhar os princípios norteadores das ações pedagógicas em sua totalidade garantem a unidade escolar necessária para sua real efetivação.

Assim, devemos conhecer e deixar claras as funções e as atribuições das diferentes esferas que coordenam o trabalho pedagógico e os eixos norteadores e seus respectivos marcos.

2.1 A logística escolar

O calendário escolar, determinado legalmente com duzentos dias letivos, não considera o trabalho de articulação entre educadores docentes e não docentes, educandos e comunidade escolar como trabalho imprescindível para a realização pedagógica. Isso porque, uma vez que não há espaços para reflexão, discussão e debates, não há como efetivar a democratização apregoada legalmente.

Ao observarmos atentamente, verificamos que a logística escolar não colabora para a construção do trabalho coletivo nas escolas. Os momentos interdisciplinares são construídos de forma diversa do que prevê a legislação; eles se dão de forma tácita, contribuindo, assim, para o trabalho solitário, e não o coletivo. Trabalho que evidencia as mazelas da educação, como baixos salários e poucas condições para o exercício cidadão e formativo idealizado por legisladores.

A seguir, consideramos dados diagnósticos de um determinado período letivo – mês, semestre ou ano:

- levantamento dos problemas enfrentados: por docentes em sala de aula separada por nível de ensino e período;
- índices de evasão e retenção;
- perfil social dos alunos e dos educadores docentes e não docentes da escola;
- pesquisa sobre a concepção de educação, função social da escola e sociedade;
- características físicas e organizacionais da escola: prédio, material, recursos;
- tipo de gestão praticada na escola: idealizada e real;
- perfil dos formandos da escola;
- quem definiu os cursos que a escola fornece;
- que tendência pedagógica é seguida;
- seleção de conteúdos, livros didáticos, estratégias de ensino, avaliação;
- relações interpessoais;
- autoavaliação.

O protagonismo das diversas camadas sociais no interior da escola é algo que deve ser buscado, mas sem falsos idealismos. Devem ser consideradas as dificuldades de relação entre os diferentes segmentos da comunidade, pois seria ingênuo acreditar que uma determinação legal solucionaria a distância que há entre o envolvimento e a cooperação de segmentos tão variados. Daí a necessidade da gestão estar preparada para este desafio: ser eficiente e democrática. Para isso, ela deve romper com a forma tradicional de administrar e transmutar-se em democrática mesmo sem ter os devidos respaldos para tal.

O trabalho do educador docente é solitário, pois, a maior parte do tempo, ele está sozinho em sala com seus alunos.

Portanto, o grande desafio dos educadores docentes é a busca por princípios democráticos e socializadores que possibilitem a construção de um ambiente propício para a transformação social. Isso porque acreditamos que os temas sociais contemporâneos levam ao dinamismo dos saberes historicamente construídos pela humanidade e fortalecem os educadores docentes transformadores da realidade vivenciada.

Para tanto, é necessário o trabalho com uma abordagem ampliada, diversificada e plural da educação, através do princípio da interdisciplinaridade, que, conforme Costa (2004), engloba os seguintes aspectos:

- **Concepção materialista histórica:** os seres humanos fazem a história, mas não a fazem de qualquer forma, ela está vinculada à realidade de cada tempo e de cada grupo social em seus diferentes tempos e modos de vida.

- **Concepção da diversidade:** em uma sociedade heterogênea e multicultural, a diversidade é um fato normal e a escola deve estar preparada para lidar com ela, garantindo, com tolerância e respeito, a idiossincrasia dos sujeitos que a compõem.

- **Concepção cidadã:** todos os seres humanos têm os mesmos direitos e deveres. A escola deve propor tal princípio e tê-lo como base em suas articulações na busca pela justiça social.

- **Concepção da pesquisa:** a elaboração e o desenvolvimento da pesquisa na organização escolar possibilitam trabalhos individuais e coletivos, os quais contribuem para realizações coordenadas, coerentes e não contraditórias, que acompanham os movimentos sociopolíticos.

- **Concepção da práxis:** relação unitária e constante entre a teoria e a prática.

Os princípios que permeiam essas concepções são os filosóficos, epistemológicos, antropológicos, sociológicos, políticos e éticos.

Nesse sentido, o PPP de cada escola reflete seu trabalho interno e as articulações entre suas instâncias. Dessa forma, vai além de um ajustamento de planos de ensino ou de aula e de atividades planejadas e/ou realizadas, uma vez que supera a visão de cumprimento de determinações legais e burocráticas ou de arquivos para a posteridade. Ele deve ser concebido como um documento dinâmico, tanto em sua construção quanto nas constantes consultas e alterações diante das necessárias mudanças do viver escolar.

Toda forma de organização do trabalho pedagógico deve estar contemplada no PPP da escola. Este, por ser uma construção democrática, apresenta as decisões coletivas e as formas como estas foram eleitas. Nesse contexto, devem estar explícitas em sua concepção as formas de superação dos conflitos existentes. É necessário estar expresso, por exemplo, como foram superadas as relações competitivas, corporativas e autoritárias que surgiram no transcorrer dos trabalhos, ou como se superou a fragmentação do trabalho que maximiza as diferenças e hierarquiza os processos de decisão ou a burocratização que existe em todo processo legislador.

Na visão de Paro (2001, p. 19), "uma sociedade autoritária, com tradição autoritária, com organização autoritária e, não por acaso, articulada com interesses autoritários, orienta-se numa visão oposta à democracia".

É interessante esclarecermos, principalmente, como se deu a superação da tão recorrente fragmentação entre a organização da escola como um todo e também da sala de aula: duas instâncias interligadas, porém, muitas vezes, distintamente separadas nas escolas. Esse processo desnuda a visão de totalidade, necessária para a concepção da organização do trabalho pedagógico da escola na sua globalidade.

Segundo André (2001, p. 189), o PPP "é político no sentido de compromisso com a formação do cidadão para um tipo de sociedade" e "pedagógico porque possibilita a efetivação da intencionalidade da escola, que é a formação do cidadão participativo, responsável, compromissado, crítico e criativo".

Os princípios democráticos na construção do PPP devem estar claros, pois partem da visão de que o projeto é um processo, ou seja, segue os passos históricos, sociais e políticos que, coerentemente, ocorrem no interior da escola, sempre considerando os avanços, acordos, formulações e todas as realizações estabelecidas durante a sua realização.

Os princípios norteadores do PPP, conforme Veiga (2004), são:

- igualdade de condições para acesso e permanência na escola;
- qualidade;
- gestão democrática;
- liberdade;
- valorização do magistério.

Outro princípio importante é o da **integração**. A primeira grande integração seria entre a prática e a teoria, sendo que não podemos nos fixar somente nesta última, uma vez que ela é objeto intrínseco da escola. Muitos são os projetos bem elaborados, mas que não se realizam na prática, por isso a necessidade de refletirmos seriamente sobre esse ponto. Outro ponto de integração é entre os profissionais que trabalham nos mesmos segmentos da escola: educadores docentes com educadores docentes, pedagogo com pedagogo, educadores não docentes com educadores não docentes, educandos com educandos, e assim por diante. Em seguida, devemos nos debruçar sobre a integração entre os profissionais de diferentes segmentos e, por último, mas não por isso menos importante, a integração entre a escola e a comunidade. Não é demais lembrar que a integração é prevista na legislação atual.

Cabe ainda ressaltarmos aqui a importância do **princípio do consenso**, pois seria uma ingenuidade pensarmos que as decisões serão unânimes, bem como que a resolução das questões polêmicas se dará por meio de simples votação, a qual atenda de forma parcial metade dos envolvidos. Nesse sentido, o consenso é a garantia da participação de todos na busca de uma solução que atenda às vontades, aos desejos e às necessidades da maioria. Esse mecanismo estabelecido favorecerá futuras negociações mais democráticas e mais humanas no processo educacional.

2.2 Funções atribuídas ao PPP

É necessário esclarecermos ainda a questão da natureza das funções atribuídas ao PPP. Entre suas funções estão as seguintes: esclarecer as ações educativas da escola em sua totalidade, objetivando explicitar os fundamentos teóricos e metodológicos, a organização pedagógica e os modos de realização dos processos educativos; apresentar a organização do trabalho pedagógico como um todo, em seus diferentes níveis e modalidades e em suas especificidades. Enfim, o PPP é um processo democrático de tomada de decisões, que trata sobre a forma de organização do trabalho pedagógico considerando os conflitos e as contradições existentes na esfera escolar e, ao mesmo tempo, propõe as superações dos problemas, sempre voltado à realidade específica e com um caráter contínuo e interativo.

Não há uma determinação legal para tais funções, no entanto, as mais significativas em termo de gestão são: deliberativa, consultiva, fiscal, mediadora, mobilizadora, recursal, entre outras que poderão vir a surgir, dependendo de cada situação. É importante observarmos, conforme o Dicionário Aurélio (Ferreira, 2009, p. 142-556), os diferentes caracteres de cada função:

- **Função deliberativa:** *deliberar* significa resolver ou decidir mediante discussão e exame, isto é, refletir sobre uma decisão a tomar. Esta função tem caráter decisório, portanto, é no PPP que vão aparecer as definições de normas e funções essencialmente deliberativas. Essa função usa verbos que problematizam as ações: *decidir, deliberar, aprovar, elaborar.*

- **Função consultiva:** *consultar* significa "aconselhar-se com alguém", isto é, procurar explicações ou consultar a razão. Seu caráter, portanto, é de assessoramento e deve ser respaldada em pareceres e deliberações legais. As ações são representadas pelos verbos: *opinar, emitir, parecer, discutir, participar.*

- **Função fiscal:** *fiscal* significa "o que zela pela disciplina interna de qualquer estabelecimento ou serviço". Essa função está voltada diretamente para o cumprimento da norma e da legalidade a fim de legitimar as ações e determinações expressas no PPP. Assim, é necessário que o projeto seja acompanhado e constantemente atualizado de acordo com as mudanças legais. Suas ações são: fiscalizar, acompanhar, supervisionar, aprovar.

- **Função mediadora:** *mediar* significa "tratar ou discutir como mediador" ou "ser mediador ou medianeiro". O PPP deve estar sempre em equilíbrio com a vontade da sociedade e do governo. Daí a mediação necessária para a efetivação de estratégias de participação de compromisso de todos na promoção da melhoria da escola.

- **Função mobilizadora:** *mobilizar* significa "dar movimento a, movimentar" e também "apelar para os serviços de alguém". As ações dessa função são: apoiar, avaliar, promover, estimular.

- **Função recursal:** *recurso* significa "bens pecuniários, posses ou condição de riqueza, de produção de desenvolvimento econômico".

As funções apresentadas desafiam a busca por princípios democráticos na legislação vigente, na função de educadores docentes e não docentes comprometidos com a educação efetivamente democrática, e na construção de uma educação para todos e sem preconceitos.

2.3 Princípios norteadores do PPP

O PPP configura a identidade do espaço escolar a partir de sua elaboração, discussão e avaliação. Nele estarão refletidos a autonomia e os valores éticos, sociais, culturais e políticos nos quais está ancorado.

Os princípios norteadores do PPP estão descritos no art. 3º da LDBEN (Lei nº 9.394/1996), exposto a seguir:

Art. 3º O ensino será ministrado com base nos seguintes princípios:
I. igualdade de condições para acesso e permanência na escola;
II. liberdade de aprender, ensinar, pesquisar e divulgar a cultura, o pensamento, a arte e o saber;
III. pluralismo de ideias e concepções pedagógicas;
IV. respeito à liberdade e apreço à tolerância;

V.   coexistência de instituições públicas e privadas de ensino;
VI. gratuidade do ensino público em estabelecimentos oficiais;
VII. valorização do profissional da educação escolar;
VIII. gestão democrática do ensino público, na forma desta lei e da legislação do sistema de ensino;
IX. garantia de padrão de qualidade;
X.   valorização da experiência extraescolar;
XI. vinculação entre a educação escolar, o trabalho e as práticas sociais.

Nesse mesmo caminho, os arts. 12 e 13 discorrem sobre a necessidade de construir princípios norteadores de um PPP. Já o art. 14 dispõe sobre os seguintes princípios norteadores da gestão democrática nas escolas públicas:

> Art. 14. Os sistemas de ensino definirão as normas da gestão democrática do ensino público na educação básica, de acordo com as suas peculiaridades e conforme os seguintes princípios:
> I. participação dos profissionais da educação na elaboração do projeto pedagógico da escola;
> II. participação das comunidades escolar e local em conselhos escolares ou equivalentes.

O caderno 4 do *Programa Nacional de Fortalecimento dos Conselhos Escolares* (Brasil, 2004, p. 26-27) apresenta os seguintes princípios:

- O **princípio de igualdade** traz em seu bojo o acesso ao conhecimento científico, cultural e socialmente construído pela humanidade. Esse princípio garante condições igualitárias de acesso à escola e de permanência nela. A igualdade deve ser garantida pela mediação da escola, o que requer muito mais do que a simples expansão quantitativa da oferta de vagas – é necessária a ampliação do atendimento de boa qualidade.

- O **princípio do reconhecimento das diferenças** resgata o valor da heterogeneidade na formação dos seres humanos, o que modifica a homogeneização no processo de ensino-aprendizagem, uma vez que considera os diferentes ritmos e processos de convivência e aprendizagem.

- O **princípio da integralidade**, por sua vez, rompe com o padrão na organização do trabalho pedagógico fragmentado e seriado. A lógica esperada busca um processo contínuo, dinâmico, dialético e dialógico em sua totalidade..

- A **autonomia** é um dos princípios mais democráticos de todos e se efetiva dessa mesma forma, ao capacitar o ser humano para a reflexão, o debate e a liberdade na tomada de decisão, em um contexto de plena socialização.

- O **princípio da valorização dos trabalhadores em educação** visa possibilitar a participação destes na vida socioeconômica, cultural e política por meio de cuidados na formação inicial e continuada, melhoria nas condições de trabalho, plano de carreira e salários, entre outros direitos contemplados em legislação própria.

A gestão democrática implica que a comunidade, tanto a interna quanto a externa, assuma o papel de dirigente, e não apenas de fiscalizadora – ou de mera receptora dos serviços educacionais por meio da responsabilidade pelo projeto da escola –, através de sua participação ativa na escola. Nas palavras de Nóvoa (1995, p. 35):

> A escola tem de ser encarada como uma comunidade educativa, permitindo mobilizar o conjunto de atores sociais e dos grupos profissionais em torno de um projeto comum. Para tal é preciso realizar um esforço de demarcação dos espaços próprios de ação, pois só na classificação desses limites se pode alicerçar uma colaboração efetiva.

Essas palavras permitem-nos compreender que o funcionamento de uma gestão democrática "é fruto de um compromisso assumido entre a estrutura formal da escola e as interações que se produzem no seu interior" (Veiga et al., 1998, p. 114).

A participação efetiva da comunidade nos assuntos escolares é embasada na partilha do poder, isto é, o poder desloca-se do diretor para as decisões tomadas na união da escola com seus profissionais e com a comunidade externa. A condição necessária para trabalhar com o poder é sua socialização e a tomada de decisões no coletivo. Em decorrência das práticas de partilha de poder, o compromisso com a escola é assumido por todos, e não simplesmente por uma pessoa, no caso, o diretor. Consequentemente, tanto pais quanto profissionais que atuam na escola se motivam a assumir a sua responsabilidade no processo educativo, pois percebem que os aspectos discutidos e as direções anunciadas vão ao encontro de suas necessidades. A esse respeito, Saviani (2002, p. 208) afirma:

> Ao diretor cabe, então, o papel de garantir o cumprimento da função educativa que é a razão de ser da escola. Nesse sentido, é preciso dizer que o diretor de escola é [sic] antes de tudo, um educador; Antes de ser administrador ele é um educador [...]. Um educador por excelência, dado que, no âmbito da unidade escolar, lhe compete a responsabilidade máxima em relação à preservação do caráter educativo da instituição escolar.

Nesse sentido, cabe também ao diretor organizar a participação da comunidade na escola, propiciando o exercício da participação comunitária em âmbitos maiores da sociedade, pois a democracia pressupõe a possibilidade de todos os membros da sociedade tomarem parte no processo. De acordo com Saviani (2002, p. 209), "o poder legítimo é aquele que se funda no consentimento dos dirigidos, isto é, daqueles em relação aos quais o poder é exercido".

Porém, a participação da comunidade nas escolas, ou em outra instituição social, torna-se uma ameaça aos detentores do poder e dos privilégios que este lhes assegura, sendo comum o diretor e os educadores docentes não proporcionarem condições para que isso aconteça, relacionando tal fato à falta de educação formal dos membros da comunidade.

2.4 Os atos ou marcos que constituem o PPP

Saber quais os efeitos intencionalmente pretendidos e almejados pela comunidade escolar é o principal elemento constitutivo do PPP. Partindo das determinações legais, devemos investigar o que servirá de objeto maior nessa construção.

Tais determinantes devem estar claros, pois deles surgirão os pressupostos norteadores que embasarão todos os trabalhos na construção de um PPP próprio da comunidade local. Eles devem ter cunho filosófico-sociológico, epistemológico, político e didático-metodológico. Segundo Veiga (1998, p. 23-28), a construção do PPP é marcada por três atos distintos: o ato situacional, no qual se descreve a realidade da escola; o ato conceitual, que diz respeito à concepção de sociedade, de homem, de educação, de escola, de currículo, de ensino e de aprendizagem; e o ato operacional, que mostra as ações para a operacionalização do projeto.

Vemos, assim, a necessidade de conhecer os marcos ou atos que vão compor o trabalho de construção do PPP. Eles são organizados conforme os itens apresentados na sequência.

2.4.1 Ato ou marco situacional

No ato situacional fica expressa a compreensão da sociedade em que a escola está inserida, tanto temporal quanto geograficamente. Isso porque a caracterização do contexto social e a relação deste com o papel da escola são relevantes, pois definem a quem a escola serve. É a percepção da escola em torno da realidade geral, buscando uma visão de si e de sua relação no quadro social, econômico, político e cultural do cotidiano escolar através de levantamentos de dados sobre si própria e sobre a realidade do país, do estado, do município. Tais dados evidenciam os problemas presentes na realidade social da escola e apontam os caminhos a serem traçados.

Nesse contexto, Sánchez Vásquez (1968, p. 47-48) afirma que a satisfação da necessidade de alcançar uma autêntica consciência da práxis só pode ser conseguida num processo de trabalho coletivo, em que se instaure um "clima aberto, no qual as discrepâncias sejam objeto de discussão e não de condenação; e tudo isso sem preconceitos que impeçam escutar e assimilar criticamente – quando isso se justificar – as contribuições que podem vir de outros campos filosóficos".

2.4.2 Ato ou marco conceitual

Diante da realidade de cada escola, são determinadas as concepções que ela possui sobre educação, conhecimento, sociedade, escola, gestão, currículo, ensino, aprendizagem e avaliação – elementos necessários para se chegar ao objetivo determinado coletivamente pela escola em questão. Aqui surgem os critérios de organização interna da escola, como o acesso dos educandos à ela, a permanência destes dentro dela, a capacitação continuada de educadores e a qualidade do processo de ensino-aprendizagem.

Toda reflexão sobre o currículo e a sua efetivação dinâmica vai configurar a matriz teórica do trabalho do ponto de vista político-pedagógico.

Segundo Paro (2001), as políticas preestabelecidas precisam ser repensadas quanto à questão participativa e democrática, pois o comprometimento de todos os segmentos deve refletir as reivindicações da sociedade.

Se houver descontentamento com a realidade da escola, deve-se proporcionar uma educação emancipadora para que os cidadãos possam tornar-se participativos, críticos, construtivos, autônomos e conscientes de suas responsabilidades e de seus direitos.

Por isso, para construir um projeto é necessário demonstrar uma prática pedagógica na qual a formação humana possa combater a todas as formas de preconceitos, sejam eles de classe, gênero, raça, idade, credo etc.

As reflexões acerca de qual ser humano se quer formar e para que tipo de sociedade ele será formado trazem, implicitamente, a concepção de história como possibilidade de solução. A sociedade não foi sempre assim e nem o será. Ela é o resultado da ação histórica de milhões de seres humanos nos diversos cantos do mundo.

2.4.3 Ato ou marco operacional

No ato operacional são contempladas as decisões relacionadas à organização pedagógica e ao tipo de gestão a que será submetido o processo escolar.

No tipo de gestão construída devem ficar claros os papéis específicos de cada segmento da comunidade escolar, a relação entre aspectos pedagógicos e administrativos, bem como o papel das instâncias colegiadas. Para tal, é necessário conhecermos os recursos e os critérios de organização do calendário escolar. Do mesmo modo, devem estar claros os critérios de organização e utilização dos espaços educativos, a distribuição dos educadores docentes em suas diferentes especificidades, as formas de avaliação do desempenho pessoal, dos currículos, das atividades extracurriculares, entre outros aspectos organizacionais presentes nos trabalhos escolares[6].

Síntese

A construção do PPP demanda princípios democráticos e socializadores. Um deles é o princípio da interdisciplinaridade, cujas concepções são: materialistas históricas, de diversidade, cidadãs, de pesquisa e da práxis, além das filosóficas, epistemológicas, antropológicas, sociológicas, políticas e éticas. Outros princípios norteadores são os da integração, da igualdade, da qualidade, da liberdade e da valorização do magistério.

As funções atribuídas ao PPP são as seguintes: deliberativa, consultiva, fiscal, mediadora, mobilizadora e recursal. Já os marcos ou atos que vão nortear o projeto são o situacional, o conceitual e o operacional.

---

6   No capítulo 5 serão exemplificados questionamentos para cada um dos atos ou marcos apontados.

Indicações culturais

Filme

O SORRISO de Mona Lisa. Direção: Mike Newell. Produção: Elaine Goldsmith-Thomas, Paul Schiff e Deborah Schindler. EUA: Columbia Pictures, 2003. 117 min.

É interessante assistir a esse filme observando os elementos da Organização do Trabalho Pedagógico (OTP). Os critérios de avaliação, o papel do professor, a relação professor-aluno, o currículo escolar e a concepção de educação estão evidenciados na película.

Atividades de autovaliação

1. Na administração democrática existem três eixos básicos: o planejamento, a execução e o controle, cujas funções são, respectivamente:

    a) definir objetivos – realizar atividades – assegurar a realização dos objetivos.

    b) realizar atividades – definir objetivos – assegurar a realização dos objetivos.

    c) assegurar a realização dos objetivos – definir objetivos – realizar atividades.

    d) definir objetivos – assegurar e realizar atividades – assegurar a realização dos objetivos.

2. Leia o excerto a seguir e marque a alternativa correta.

    Segundo Warde (1992, p. 42), "é a unidade escolar que comporta as possibilidades de aperfeiçoamento qualitativo do ensino, porque é nela que podem ser realizadas experiências pedagógicas alternativas".

    a) As escolas são laboratórios onde deve ser aplicada toda forma de experiências pedagógicas e não pedagógicas.

    b) Não se deve mais utilizar práticas pedagógicas tradicionais.

c) A escola não é lugar de experiências diferentes das que já foram implementadas na teoria.

d) A escola tem espaço para melhoria da qualidade de ensino, já que suporta experiências pedagógicas diferentes, desde que estas sejam devidamente planejadas.

3. Cabe aos gestores escolares mobilizarem-se diante da comunidade com uma proposta de projeto a ser desenvolvido por todos. Há uma urgente necessidade de desmistificar a cultura de destruição e transformá-la em cultura de preservação. Dessa forma:

   a) a promoção de projetos não serve para a criação de códigos de convivência, proporcionando transformações positivas no ambiente e nos que nele convivem. A capacidade de envolvimento da comunidade na mudança da escola não vem da concepção que estabelece esse envolvimento.

   b) a promoção de projetos serve para a criação de códigos de convivência, proporcionando transformações negativas no ambiente e nos que nele convivem.

   c) a promoção de projetos serve para a criação de códigos de convivência, proporcionando transformações positivas no ambiente e nos que nele convivem. A capacidade de envolvimento da comunidade na mudança da escola vem da concepção que estabelece esse envolvimento.

   d) A capacidade de envolvimento da comunidade na mudança da escola não vem da concepção que estabelece esse envolvimento.

4. Quanto à organização do tempo e do espaço escolar, podemos afirmar:

   I. As aulas se organizam por áreas, com professores e tempo previamente estabelecidos (horário escolar).

   II. O calendário é o instrumento que marca o ritmo das atividades da escola, definindo as datas dos principais eventos (primeiro e último dias de aula, eventos especiais de caráter geral e o número de dias letivos/horas no ano).

III. A definição do calendário escolar obedece ao processo legal de 200 dias letivos.

Considerando as afirmações anteriores, marque a alternativa correta:
a) Todas as afirmações estão corretas.
b) Somente as afirmações I e II estão corretas.
c) Somente as afirmações II e III estão corretas.
d) Nenhuma das afirmações está correta.

5. Quanto à organização dos horários de aula e à elaboração do horário escolar, é correto afirmar:
a) A organização dos horários das aulas de cada escola é realizada a partir da matriz curricular de cada curso e dos horários disponíveis de cada professor.
b) Horário escolar é o termo utilizado atualmente no lugar de grade horária.
c) Respeitadas as instruções gerais, como a que dispõe da carga horária mínima e o número mínimo de dias letivos do ano, a escola tem autonomia quanto à elaboração do seu horário escolar.
d) Todas as afirmações anteriores estão corretas.

Atividades de aprendizagem

Questões para reflexão

1. Os princípios norteadores do PPP, conforme Veiga (2004), são:
    - igualdade de condições para acesso e permanência na escola;
    - qualidade;
    - gestão democrática;
    - liberdade;
    - valorização do magistério.

Faça uma análise de tais princípios confrontando-os com a realidade de seu ambiente de trabalho e levantando as possibilidades de sua efetivação.

2. Neste capítulo foram colocados diversos princípios, dentre eles, o princípio do reconhecimento da diferenças, o qual resgata o valor da heterogeneidade na formação dos seres humanos. Essa valoração modifica a homogeneização no processo de ensino-aprendizagem, pois considera os diferentes ritmos e processos de convivência e aprendizagem.

Na escola em que você atua ou em uma que você conheça, analise como é realizado tal princípio e se tais ações têm um resultado positivo. Se não tiverem, busque as causas e as possíveis soluções.

Atividade aplicada: prática

1. Leia a seguinte citação de Barreto (1992):

> excluem-se da escola os que não conseguem aprender, excluem-se do mercado de trabalho os que não têm capacidade técnica porque antes não aprenderam a ler, escrever e contar e excluem-se, finalmente, do exercício da cidadania esses mesmos cidadãos, porque não conhecem os valores morais e políticos que fundam a vida de uma sociedade livre, democrática e participativa.

Observe em um ambiente escolar como esse fenômeno acontece e estabeleça uma relação com o que foi trabalhado neste capítulo.

3 O PPP e a democratização da realidade local

> "Tudo o que a gente puder fazer no sentido de convocar os que vivem em torno da escola, e dentro da escola, no sentido de participarem, de tomarem um pouco o destino da escola na mão, deve ser feito. Tudo o que a gente puder fazer nesse sentido é pouco ainda, considerando o trabalho imenso que se põe diante de nós que é o de assumir esse país democraticamente".
>
> (Freire, 2007, p. 15)

Os principais pontos tratados neste capítulo serão os seguintes: o PPP e a sua relação com a democratização do país; a escola e seus desafios perante a gestão democrática e o papel do pedagogo escolar; a organização pedagógica escolar e a gestão, tanto administrativa quanto pedagógica, diante da cultura da escola e na escola.

3.1 O PPP e a democratização do país

O PPP é um instrumento articulador das ações da escola e possui várias funções, das quais a principal é o registro dos passos rumo à democratização do país através de uma das suas principais instâncias: a escola.

Bobbio (2000, p. 25) afirma que, "quando se quer saber se houve um desenvolvimento da democracia num dado país, o certo é procurar saber se aumentou não o número dos que têm direito de participar das decisões que lhes dizem respeito, mas os espaços nos quais podem exercer esse direito". Daí a importância de existir um espaço institucionalizado para garantir a efetivação da participação de todos os segmentos que compõem a escola.

Dessa forma, a função do PPP é possibilitar uma reflexão sobre a função social da escola, observando o meio onde ela está inserida na sociedade, buscando a transformação através da melhora do processo de ensino-aprendizagem e pela implementação coletiva dos diversos sonhos, dos princípios de acesso e permanência do educando e da avaliação do caminho que foi traçado para a realização dos objetivos. Estas são formas de superação dos percalços encontrados.

Para a realização do PPP, faz-se necessário, então, um diagnóstico da realidade, o qual possibilite uma retomada dos feitos já realizados, desvelando os aspectos que devem ser mantidos e os que precisam ser revistos. Já como processo democrático, a análise do que já foi realizado é vista como parâmetro diante dos interesses da comunidade na qual a escola está inserida.

Da mesma forma, o PPP possibilita a reflexão sobre os conteúdos e métodos desenvolvidos nas escolas e seus resultados diante dos interesses dos educandos. O projeto ainda possibilita a avaliação da comunidade aos serviços prestados pela escola.

Percebemos facilmente o sentido político desenvolvido em todo esse processo, assim como compreendemos o entendimento da educação como prática social na construção da cidadania, quando esta (a educação) visita sua realidade e propõe mudanças com interesses voltados para a comunidade que a serve e por ela é servida.

3.2 A escola e seus desafios

A identidade da escola é definida por um conjunto de caracteres próprios e exclusivos que apresenta. Ela está ligada à sua história de construção, às formas como são desenvolvidas suas atividades, aos objetivos apresentados, aos seus desejos e sonhos e às metas que pretende alcançar. A identidade permite que a escola perceba-se como um todo e possa ter consciência de si como instituição.

Nesse contexto, faz-se necessário resgatar o histórico de construção da escola tomando a época, a necessidade social e sua mantenedora como marco determinante de sua existência.

A construção de um trabalho educativo de formação política dos educadores docentes e não docentes e dos educandos exige uma prática dialógica entre todos os sujeitos da comunidade escolar, no sentido de superar as relações autoritárias, hierárquicas e verticalizadas. Na prática dialogada, todos os sujeitos do processo escolar podem falar e serem ouvidos de fato (Padilha, 2004).

O processo democrático requer participação coletiva nas decisões, na eliminação de relações competitivas, de práticas corporativas e autoritárias que reforçam a exclusão social na forma de preconceito, de discriminação e de reprovação escolar.

A instituição escolar tem, portanto, um enorme desafio a ser superado: efetivar a participação democrática dos educadores docentes e não docentes e dos educandos em seus processos decisórios, o que só acontecerá por meio do comprometimento de todos os sujeitos envolvidos na prática pedagógica escolar e na construção coletiva do PPP da escola.

É necessário, também, definir a posição da escola em seu contexto geográfico, a situação econômica, cultural e social dos estudantes e do local onde ela está situada. Essas informações são básicas para o estabelecimento do que a escola oferece ou pode oferecer à sua comunidade.

As condições físicas, materiais e pedagógicas indicam as prioridades e carências existentes na instituição. A partir delas são definidas as formas de administrar os recursos financeiros e pedagógicos necessários para manutenção e melhoria da escola, como reparos na estrutura física, livros, equipamentos, cursos, seminários, merenda, convênios, entre outros.

A sociedade atual, vinculada ao capitalismo, valoriza o individualismo. Nas escolas, ao se trabalhar de forma desarticulada e fragmentada, perde-se a percepção da totalidade dos processos, ressaltando o individual sobre o coletivo.

O PPP é um documento que apresenta as intuições, concepções e também a organização do trabalho pedagógico da escola. Ele demonstra o real processo democrático na tomada de decisões. O enfrentamento de conflitos, as relações corporativas, autoritárias, competitivas e burocráticas precisam aparecer de forma superada em seu bojo, pois constituem o reflexo da identidade da escola.

Segundo Prais (1994, p. 86), os atores da escola (direção, equipe pedagógica, funcionários e alunos) devem trabalhar a "capacidade de saber ouvir, alinhavar ideias, questionar, interferir, traduzir posições e sintetizar uma política de ação com propósito de coordenar efetivamente o processo educativo, o cumprimento da função social e política da educação escolar".

Nesse contexto, o coordenador pedagógico é um mediador entre o corpo docente e o processo de ensino-aprendizagem. Conforme Libâneo, Oliveira e Toschi (2005, p. 373), ele deve: "coordenar, acompanhar, assessorar, apoiar e avaliar as atividades pedagógico-curriculares. Sua atribuição prioritária é prestar assistência pedagógico-didática aos professores em suas respectivas disciplinas, no que diz respeito ao trabalho interativo com os alunos".

Há, dessa forma, a necessidade de definição do papel do pedagogo na organização do trabalho pedagógico. Libâneo (2004) caracteriza algumas das funções da equipe pedagógica na gestão democrática escolar:

- dirigir e coordenar o andamento do trabalho pedagógico;
- assegurar o processo participativo na tomada de decisão e na implementação de todas as ações planejadas coletivamente;
- articular e criar momentos que garantam as relações entre escola e comunidade escolar, dando suporte às atividades de planejamento e discussão do currículo juntamente à equipe pedagógica;
- fazer o acompanhamento e a avaliação da prática pedagógica.

A **equipe pedagógica** responde pela organização, mediação e integração da comunidade escolar, articulando todo o trabalho pedagógico da escola, o qual deve ter como base a relação orgânica entre direção e membros da equipe. Daí a necessidade de sua participação efetiva na construção, aplicação, evolução e avaliação do PPP.

Sobre essa questão, Libâneo (2004, p. 222-223) afirma que,

> de um lado, a organização como uma construção social envolvendo a experiência subjetiva e cultural das pessoas; de outro, essa construção não como um processo livre e voluntário, mas mediatizado pela realidade sociocultural e política mais ampla, incluindo a influência de forças externas e internas marcadas por interesses de grupos sociais sempre contraditórios e, às vezes, conflituosos. Tal visão busca relações solidárias, formas participativas, mas também valoriza os elementos internos do processo organizacional – o planejamento, a organização, a gestão, a direção, a avaliação, as responsabilidades individuais dos membros da equipe e a ação organizacional coordenada e supervisionada [...].

A gestão democrática propõe responsabilidades na tomada de decisões, ou seja, visa à descentralização administrativa através de uma visão de todo o conjunto pedagógico, administrativo, cultural e financeiro da organização pedagógica e administrativa da escola.

3.3 O respeito às diferenças sociais

O domínio teórico sobre a construção coletiva do PPP é vasto perante a real efetivação dos fundamentos que sustentam todo o seu trabalho de elaboração, aplicação e avaliação. É relativamente fácil apregoar sobre a mobilização e a participação de todos os sujeitos envolvidos ou sobre a promoção e a articulação entre a escola, a família e a comunidade, no entanto, a realização plena desses ideais é bastante complicada.

Esse fato aponta para a complexidade da construção coletiva do PPP. Não de sua parte técnica ou estrutural, mas de sua natureza política, a qual exige uma postura crítica e espontânea por parte de todos os atores da escola. Essa postura é construída gradativamente no percurso humano, quando as pessoas sentem-se partícipes dos processos sociais. Um bom exemplo disso é a valorização, ou não, da cultura, do saber e do patrimônio cultural da comunidade local. Essa é uma forma de dar importância à vida dos alunos, dos pais e da comunidade. O entorno da escola tem relação direta com a produção humana e está ali como parte da instituição escolar, e esta não deve reforçar interesses de grupos minoritários que detêm o poder.

Para isso, a escola, na figura de seus representantes, deve estar atenta e vigilante no que diz respeito às injustiças e discriminações presentes em seus espaços. Ao emancipar as pessoas por meio do conhecimento, a escola está trabalhando com a aprendizagem dos alunos de forma significativa.

Assim, há a necessidade de a escola ter profissionais que olhem seus educandos como cidadãos de direitos e deveres, respeitando suas diferenças e eliminando quaisquer atitudes de discriminação, preconceito, exclusão e marginalização.

Saber lidar com as diferenças significa tirar o máximo proveito de cada uma delas, não subestimando os pontos fracos dos alunos, e sim trabalhando com eles a fim de que possam ser superados. Sabemos que cada ser humano é único e, portanto, diferente dos demais, o que destaca o seu maior valor: a originalidade.

O respeito à cultura do estudante, ou seja, a valorização de sua origem geopolítica e de sua etnia, as quais são estudadas no espaço escolar e demonstradas como contribuinte da história humana, faz com que o educando sinta-se integrante de uma composição maior e, portanto, preparado para enfrentar uma futura discriminação e/ou intolerância. Essa visão prepara o cidadão para a autonomia, faz dele um ser humano reconhecido e respeitado pelo seu valor cultural, afirma sua identidade e evidencia seus direitos.

Sendo assim, o trabalho da escola só faz sentido se contribuir para ampliar o conhecimento e intervir no posicionamento do aluno no mundo.

3.4 O trabalho escolar

O trabalho escolar deve ter condições básicas e direcionadas no processo de construção do PPP; essa é uma responsabilidade direta da direção e da equipe pedagógica da escola e indireta de todos os sujeitos envolvidos com a instituição escolar. Isso porque, conforme já vimos, a participação efetiva de todos se faz necessária no trabalho democrático.

Ao falarmos de *participação efetiva*, queremos dizer **todos**, desde as crianças da educação infantil, pais, professores, alunos, funcionários, equipe pedagógicas, direção, representantes da comunidade, ex-educandos e ex-educadores, enfim, todos os que compõem a comunidade escolar e se preocupam com ela e com a busca constante de melhoria de seu papel social. Segundo Veiga et al. (1998, p. 13), é "necessário que se afirme que a discussão do projeto político-pedagógico exige uma reflexão acerca da concepção de educação e sua relação com a sociedade e a escola, o que não dispensa uma reflexão sobre o homem a ser formado, a cidadania e a consciência crítica".

Esse é o grande desafio da escola na busca por uma concepção democrática e transformadora, a fim de que possa dar conta dos desafios apresentados pela sociedade atual e garantir que os educandos possam receber uma educação efetivamente de qualidade.

A maioria das instituições pode ser classificada como antidemocrática em sua estrutura, porém, isso não é motivo para a neutralidade da ação, uma vez que, segundo Paro (2001, p. 19), "a realidade social está repleta de contradições que precisam ser aproveitadas como ponto de partida para ações com vistas à transformação".

As transformações desejadas poderão ocorrer através de um currículo que reflita a interação entre os sujeitos que têm os mesmos objetivos e a opção de um referencial teórico que o sustente. Assim, o currículo não é um instrumento neutro, ele reflete o contexto atual. Por essa razão, deve ser organizado de modo a reduzir o isolamento e a fragmentação das diferentes disciplinas curriculares, apresentando-as como inter-relacionadas e correlatas.

Ao pensarmos sobre o currículo escolar, várias imagens relacionadas à escola podem surgir, como os conteúdos escolares; a matriz curricular; o conjunto de conhecimentos que devem ser trabalhados ou de experiências de aprendizagens que vão sendo vivenciadas nas instituições; o caminho ou recorte didático-pedagógico a ser seguido no processo de ensino-aprendizagem ou na construção do conhecimento.

Segundo Padilha (2004), todas estas são possíveis imagens e explicações iniciais para o significado de currículo. Para ele (Padilha, 2004, p. 118), "Currículo Escolar seria a conjunção das diferentes ações e relações advindas do processo de reflexão, elaboração, execução e avaliação do projeto da escola".

Ainda conforme Padilha (2004), a discussão sobre currículo está no âmbito das decisões concernentes a quais conhecimentos devem ser ensinados, o que deve ser ensinado e por que ensinar este ou aquele conhecimento. Ou seja, decisões da organização do conhecimento que será ensinado e por que ensinar este ou aquele conteúdo.

Isso se confirma nas palavras de Silva (1999, p. 11-15), para quem

> o currículo é sempre resultado de uma seleção: de um universo mais amplo de conhecimentos e saberes seleciona-se aquela parte que vai constituir precisamente o currículo. As teorias de currículo, tendo decidido quais conhecimentos devem ser selecionados, buscam justificar por que "esses conhecimentos" e não "aqueles" devem ser selecionados.

Assim, o currículo refere-se a toda forma de reflexão/ação que oriente a prática da escola, com vistas à formação do cidadão crítico e consciente de seu papel de agente transformador da realidade social. Refere-se, como vimos, a uma realidade histórica, cultural, socialmente determinada, que reflete nos procedimentos didáticos e administrativos, isto é, na organização da escola. Não é um elemento neutro de transmissão do conhecimento social, nele atua a configuração de um determinado meio cultural, político, social e econômico que se revela nos conteúdos e nas formas selecionados para a prática educativa.

Numa visão progressista de educação, o currículo deve levar em conta, no momento de sua reflexão/elaboração/comunicação, pressupostos básicos, a fim de que seja um instrumento de transformação da sociedade.

Numa perspectiva progressista, que busque a justiça social, não há espaço para um currículo único no que diz respeito a uma nação, como coloca o estado neoliberal ao lançar os Parâmetros Curriculares Nacionais (PCN).

Como alertam Moreira e Silva (1996, p. 99), "mesmo que se pense o currículo nacional como instrumento de coesão social e melhoria das escolas [...], seus efeitos serão o oposto, dado à diferença de classe social, raça e gênero existentes em uma sociedade tão heterogênea como a brasileira".

Em uma sociedade desigual, a única modalidade de coesão possível é a que deriva do reconhecimento das diferenças e desigualdades e de sua consideração nas decisões curriculares. Somente assim o diálogo do currículo pode ser estabelecido.

É premente a compreensão das distorções e dos interesses existentes na vida econômica e social do país, a fim de que se possa construir um currículo voltado para a justiça social.

Destacam-se, com base em Moreira e Silva (1996, p. 105), "os aspectos essenciais a serem considerados na elaboração do currículo, tendo como referência que a educação não pode ser vista como uma mercadoria, mas como um direito de todo e qualquer cidadão".

Nesse sentido, a educação deve ser ofertada com a qualidade que lhe é necessária, principalmente para os que dela vêm sendo excluídos; a transmissão de conteúdos deve ser substituída por condições facilitadoras de desenvolvimento de um processo de construção de conhecimentos em sala de aula, com saberes que melhor atendam aos interesses e necessidades das camadas populares e que melhor se articulem a um projeto de construção de uma sociedade menos marcada pelas desigualdades; a avaliação das instituições deve-se voltar mais para o processo do que para o produto.

Ainda segundo Moreira e Silva (1996, p. 105), "o currículo não pode ser imposto a todas as escolas, mas que seja construído a partir de princípios balizadores comuns, em cada escola do país com espaço para vozes de todas as 'nações' que constituem a nação brasileira".

Não se pode pensar a avaliação de uma instituição a partir do rendimento escolar dos estudantes, mas, antes, esta deve ser marcada por critérios flexíveis e abrangentes, que deem conta de identificar a real qualidade do trabalho ali ofertado. Isso porque, no ato de avaliar, deve-se prever que, na organização do trabalho escolar, devem estar definidos os conceitos e as concepções de avaliação que nortearão a prática da escola e da sala de aula. Nesse contexto, a formação continuada do professor deve ser pensada a partir de seus interesses e este deve ser entendido como intelectual comprometido com uma ordem social mais justa e democrática e com o desenvolvimento da ciência, da filosofia e das artes; é preciso implementar uma gestão democrática/participativa na qual o fim último seja a autonomia e o fortalecimento do poder dos diferentes atores envolvidos no processo. Um currículo se constrói e se realiza com a participação de todos os segmentos da escola e da comunidade, tendo a necessidade de profissionais especializados que o liderem.

Síntese

Este capítulo tratou da função do PPP, de seu planejamento e currículo e o sentido político de sua realização. A identificação do contexto no qual a escola se encontra é o ponto de partida para essa análise; da mesma forma, o respeito pelas diferenças precisam ser trabalhados na organização do trabalho escolar.

Indicações culturais

Filmes

O TRIUNFO. Direção: Randa Haines. Produção: Jody Brockway. EUA; Canadá: Califórnia Home Vídeo, 2006. 90 min.

O filme conta a vida de um professor que chega em Nova Iorque e se depara com vários obstáculos profissionais, o que o fez buscar novas formas de ensinar, principalmente valorizando as necessidades dos alunos, os quais eram de origem humilde. É um filme recomendado por estimular os profissionais da educação a dinamizarem os conteúdos. Também pode ser trabalhado com alunos como abertura da discussão da participação da coletividade na tomada de decisões na escola.

SARAFINA – o som da liberdade. Direção: Darrell James Roodt. Produção: Anant Singh. EUA: Warner Home Vídeo,1993. 98 min.

Esse filme retrata a convivência de uma professora e de seus alunos em uma sociedade marginalizada e explorada pelo regime do *Apartheid*. A partir da realidade vivida, a professora demonstra que há possibilidades de mudanças se a comunidade tiver consciência do que está acontecendo e seus membros buscarem juntos a liberdade. Nesse filme é ressaltado o trabalho coletivo e o político.

Atividades de autoavaliação

1. Marque (V) para verdadeiro e (F) para falso nas afirmações sobre as funções do PPP:
    ( ) Registrar os passos rumo à democratização do país através de uma de suas principais instâncias: a escola.
    ( ) Possibilitar ao trabalho escolar uma reflexão de seu real papel.
    ( ) Refletir sobre os conteúdos e métodos desenvolvidos nas escolas e seus resultados perante os interesses dos educandos.

( ) Efetivar a participação democrática dos educadores docentes e não docentes e dos educandos em seus processos decisórios.

2. No ambiente educativo, o respeito, a alegria, a amizade e a solidariedade, a disciplina, o combate à discriminação e o exercício dos direitos e deveres são práticas que garantem a socialização e a convivência, desenvolvendo e fortalecendo a noção de cidadania e de igualdade entre todos. A preocupação em relação ao espaço e o tempo escolar devem ser entendidos como uma vivência:

a) sem finalidades.
b) democrática.
c) sem significado.
d) demagógica.

3. É preciso pensar a racionalidade das ações humanas num sentido mais amplo, a qual, não se detendo apenas na consideração dos meios, consiga transcender o âmbito da mera racionalidade funcional, colocando-se como questão fundamental a busca por objetivos que atendam aos interesses de toda a sociedade e não de grupos privilegiados dentro dela. Mas tal tipo de racionalidade não pode dar-se plenamente numa sociedade de classes, em que apenas uma minoria detém o poder sobre o restante da população. Uma racionalidade no sentido social, em que os meios sejam adequadamente utilizados visando ao bem de todos, supõe a ausência da dominação de grupos e o exercício coletivo do poder por todo o corpo social. Isso supõe, obviamente, uma verdadeira transformação na ordem social vigente. Dessa forma, a administração estará tanto mais comprometida com a transformação social quanto mais os objetivos por ela perseguidos estiverem articulados com a transformação voltada ao sentido:

a) econômico.
b) administrativo.
c) burocrático.
d) social.

4. Na afirmação: "Importante é superar a visão de que gestão é mando", Victor Paro (2003) questiona "a gestão como maneira de administrar o trabalho alheio" e completa afirmando "que essa noção de administração é pobre, pois ela deve ser entendida como mediação para se atingir um fim." Pode-se concluir, a partir do excerto, que:

   a) sendo inerente ao processo educativo e tendo um objetivo, não se pode associar o administrativo ao controle pedagógico simplesmente, mas tomá-lo como um processo de relação com o outro que se dá a todo momento.

   b) sendo inerente ao processo educativo e tendo um objetivo, não se pode associar o pedagógico ao controle burocrático simplesmente, mas tomá-lo como um processo de relação com o outro que se dá a todo momento.

   c) sendo inerente ao processo educativo e tendo um objetivo, não se pode associar o administrativo ao controle burocrático simplesmente, mas tomá-lo como um processo de relação com o gestor que se dá a todo momento.

   d) sendo inerente ao processo administrativo e tendo um objetivo, não se pode associar o educativo ao controle burocrático simplesmente, mas tomá-lo como um processo de relação com o outro que se dá a todo momento.

5. Observe as seguintes afirmações e marque a alternativa correta:

   I. No Brasil, nunca se pensou tanto em democracia e cidadania como nas últimas décadas do século XX.

   II. A temática da democracia aparece com grande frequência na mídia, nos discursos políticos e na legislação.

   III. A cidadania tem se constituído um dos focos de grande interesse de diferentes instâncias da sociedade, entre elas os movimentos sindicais, os meios de comunicação, os diferentes partidos políticos, as organizações sociais, as instituições governamentais e não governamentais e a educação.

a) Somente a afirmação I está correta.
b) Somente a afirmação II está correta.
c) Somente a afirmação III está correta.
d) Todas as afirmativas estão corretas.

Atividades de aprendizagem

Questões para reflexão

1. As escolas são organizações nas quais se sobressai a interação entre as pessoas para a promoção da formação humana. De fato, a instituição escolar distingue-se por ser um sistema de relações humanas e sociais com fortes características interativas que a diferenciam das empresas convencionais. Assim, ela é definida como uma unidade social que reúne pessoas que interagem entre si, intencionalmente, operando por meio de estruturas e de processos organizativos próprios, a fim de alcançar objetivos educacionais. Comente sobre essa questão.

2. Através do respeito à cultura dos estudantes, da valorização de suas origens geopolíticas e de suas etnias por meio do estudo destas, demonstrando que são contribuintes da história humana, os educandos sentem-se integrante de uma composição maior e preparados para enfrentar possíveis discriminações e/ou intolerâncias. Essa visão prepara o cidadão para sua autonomia, faz dele um ser humano reconhecido e respeitado pelo seu valor cultural, afirma sua identidade e evidencia seus direitos. Nesse sentido, faça uma análise prática sobre as formas de proporcionar aos alunos espaços de divulgação de suas origens culturais.

Atividade aplicada: prática

1. Com base no entendimento de que as organizações escolares se caracterizam como unidades sociais, nas quais se destacam a interação entre as pessoas e sua participação ativa na formação de objetivos e de modos de funcionamento da comunidade escolar, é oportuno ressaltar os aspectos informais da gestão escolar, introduzindo o conceito de cultura organizacional. Observe em um espaço escolar a interação entre as pessoas e a relacione com os estudos realizados neste capítulo.

4 A gestão democrática e a construção do PPP

> *"O ser humano é, naturalmente, um ser da intervenção no mundo à razão de que faz a História. Nela, por isso mesmo, deve deixar suas marcas de sujeito e não pegadas de objeto."*
>
> (Freire, 2007, p. 119)

A gestão democrática fortalece a participação da comunidade escolar na construção do PPP, pois por meio dela se entende que o funcionamento da escola exige uma relação de compromisso com o processo de ensino-aprendizagem.

Para organizar essas ações, a escola demanda esforço coletivo em definir e participar dos processos decisórios na construção democrática do PPP, entendido como forma de expressão da organização do trabalho pedagógico e administrativo. Para que esse processo possa ser efetivado, a escola instaura os princípios que estabelecem a defesa da gestão democrática e a apropriação do conhecimento historicamente construído e sistematizado pela humanidade.

A legitimidade da gestão democrática e do PPP passa a ser entendida como um processo coletivo, pelo qual a organização pedagógica e administrativa e as relações entre os órgãos colegiados constituídos pela comunidade escolar são fortalecidas e normatizadas.

Assumir coletivamente a legalidade das ações da escola sugere, também, assumir os posicionamentos pedagógicos e administrativos, especialmente do processo de ensino-aprendizagem, o que implica pensar em um sistema escolar que seja condizente com a intencionalidade educativa e com o princípio no qual a gestão democrática é concebida no PPP.

4.1 A gestão democrática e participativa

A tomada de decisão de forma original e própria para cada contexto é a estratégia mais relevante na gestão democrática. Não há estratégias prontas e acabadas que possam facilitar o trabalho, é necessário que haja um debate interno na busca de um consenso entre educadores docentes e não docentes, educandos e comunidade escolar. Assumir papéis de atores protagonistas na construção do PPP é o grande objetivo de educadores e educandos e da comunidade escolar na gestão coletiva e emancipadora. Esses papéis são representados pela interação contínua da comunidade escolar por meio da linguagem socialmente entendida e aceita. Isso significa a interação entre a aprendizagem e a construção individual de cada partícipe.

4.2 A estrutura organizacional da gestão democrática

A estrutura organizacional administrativa assegura locação e gestão de recursos humanos físicos – como prédios, materiais didáticos, equipamentos – e financeiros.

A organização administrativa na escola volta-se para a distribuição dos recursos destinados à educação. Considerando-se o cenário capitalista[7] em que se a escola está inserida, é necessário conhecer e analisar não só a racionalidade administrativa, mas também a irracionalidade, pois, muitas vezes, a aplicação dos recursos nas escolas possui um cunho instrumental e empresarial, o qual difere da visão pedagógica característica e necessária ao ambiente escolar.

---

7   O capitalismo "é uma relação de produção e reprodução da vida social baseada em classes sociais. Não se define simplesmente por uma relação contratual de trabalho, ainda que nele as relações sociais tendam a assumir a forma jurídica; também não se limita a uma espiral acumulativa de riquezas, mesmo se o impulso à acumulação de capitais e à sua concentração são traços fundamentais; também não se define pelo predomínio do mercado, apesar de ser a forma social de produção mais extensamente baseada na produção de mercadorias" (Fontes, 2008, p. 24).

Tal consideração é de extrema relevância, ao entender que o sistema social capitalista prioriza a produtividade, a objetividade e a eficiência sistêmica, contrariamente ao teor democrático, participativo e envolvente ideal para uma administração participativa[8].

A organização pedagógica e administrativa da escola tem como representante o **diretor escolar**. O papel do diretor é diferente do papel do gerente empresarial, pois este último administra através de atividade técnico-burocrática (planeja, organiza, dirige e controla). Já o diretor constrói o processo educativo amparado na legislação vigente, como na Constituição de 1988, art. 206: "[...] O ensino será ministrado com base nos seguintes princípios: [...] VI – gestão democrática do ensino público, na forma da lei [...]", e na LDBEN nº 9.394/1996, art. 3º: O ensino será ministrado com base nos seguintes princípios: "[...] VIII – gestão democrática do ensino público, na forma desta Lei e da legislação dos sistemas de ensino [...]". A ele cabe o fortalecimento do trabalho coletivo por meio do diálogo constante e da efetivação das decisões tomadas pela organização de todos os segmentos das instâncias colegiadas, tendo como pressupostos a intersubjetividade, o consenso, a argumentação e o entendimento recíproco, princípios que proporcionam uma visão ampliada de uma sociedade autônoma e transformadora.

Diferente da visão empresarial que, na busca pelo lucro, reforça a arbitrariedade do poder e, muitas vezes, nega as relações intersubjetivas no interior da empresa, a escola busca, através do trabalho pedagógico e administrativo, a democratização e a emancipação do ser humano através do diálogo, do questionamento e do entendimento, pois trabalha com a formação, e não com a geração de produtos prontos e acabados.

Na escola há uma preocupação com o relacionamento entre os atores educacionais (educadores docentes e não docentes, educandos e comunidade), sendo o diretor o responsável por administrar essas relações. Sander (1995) aponta quatro dimensões que se relacionam entre si por meio da atuação do gestor

---

8   A administração participativa diz respeito a colocar o lucro como objetivo e os recursos como aparatos para alcançá-los.

escolar: econômica, pedagógica, política e cultural. Deixamos claro que essas dimensões devem percorrer todos os espaços e tempos escolares: do chão da sala de aula até os gabinetes administrativos das secretarias educacionais.

A separação entre a prática docente e a administrativa traz uma dicotomia que se reflete em todos os patamares educativos. Essa divisão do trabalho escolar, próxima da racionalidade taylorista/fordista[9], separa quem decide de quem executa, além de fragmentar as ações em projetos desprovidos de sentido político. Um bom exemplo disto é o excesso de burocracia e o formalismo exacerbado existente em alguns setores da escola, fato que prejudica todo o trabalho ali exercido. O burocrático deve vir a servir ao ser humano e não o contrário, a tomada da racionalidade comunicativa[10] de Habermas[11], que prima pela socialização cultural, pela formação da personalidade e pela apropriação do saberes formadores da autonomia e da emancipação dos sujeitos-atores da escola

Segundo Habermas (2004, p. 127),

> falamos de "racionalização" não só (como Freud) no sentido de uma justificação ulterior de desejos e ações, mas também (como Max Weber) pensando na maneira de vida das pessoas e na forma de vida

---

9 Taylorista/fordista: forma de organização da produção e do trabalho que aplica os métodos de organização científica baseados no consumo amplo, no parcelamento de tarefas, no trabalho regulado, na padronização e na automatização (Gounet, 1999).

10 Racionalidade comunicativa: A ação comunicativa que se efetiva na linguagem é uma forma privilegiada de relacionamento entre os sujeitos: permite a articulação de valores, a elaboração de normas e o questionamento destes. A diferença entre o agir comunicativo e o agir estratégico se dá por meio da busca do reconhecimento intersubjetivo e das pretensões de validade. No primeiro (agir comunicativo) e no segundo (agir estratégico), um indivíduo age sobre o outro para atingir os fins que ele, *a priori*, definiu como necessários. O que significa resolução dos conflitos humanos com base em discussões racionais e evolução material equilibrada com as exigências do meio ambiente.

11 Jürgen Habermas (1929-) é um filósofo e sociólogo alemão contemporâneo, o qual tem seu nome associado à Teoria Crítica da Escola de Frankfurt, cujos principais representantes são Adorno (1903-1969), Marcuse (1898-1979), Horkheimer (1895-1973) e Benjamin (1892-1940). Não obstante as diferenças de pensamento desses filósofos, um tema perpassa a obra de todos eles: a crítica radical à sociedade industrial moderna.

de grupos. Tais formas de vida compõem-se de práticas e de uma teia de tradições, instituições, costumes e competências que podem ser chamadas "racionais", na medida em que **fomentam** a solução de problemas que aparecem. Nesse sentido, formas de vida são, por certo, candidatas à expressão "racionais" – mas apenas no sentido indireto de que formas de vida constituem o pano de fundo mais ou menos "favorável" à instituição de produções discursivas e ao desenvolvimento de capacidades reflexivas. Por essa via, elas podem fomentar capacidades para a solução de problemas, as quais, por sua vez, possibilitam a formação de opiniões, ações e comunicações racionais.

Dessa forma, somente através da interação entre o administrativo e o pedagógico existirá uma prática docente capaz de atuar crítica e criativamente na formação plena dos sujeitos. E a relação intersubjetiva vem a contribuir para tal formação, pois possibilita o livre questionamento e seus devidos entendimentos. Assim, forma-se uma cultura de superação da visão dogmática, com a presença de sujeitos que consideram a realidade da vida e do conhecimento por meio da revisão constante dos conhecimentos postos, das normas sociais, dos saberes científicos e dos valores culturais. Nesse sentido, não há separação entre o trabalho pedagógico (educadores docentes, pedagogos, coordenadores) e o burocrático (direção, secretaria, educadores não docentes). Sobre esse assunto, Paro (2003, p. 133) afirma:

> Envolvido, assim, com os inúmeros problemas da escola e enredado nas malhas burocráticas das determinações formais emanadas dos órgãos superiores, o diretor se vê grandemente tolhido em sua função de educador, já que pouco tempo lhe resta para dedicar-se às atividades mais diretamente ligadas aos problemas pedagógicos no interior de sua escola.

A administração escolar pensada e organizada com foco no processo pedagógico e administrativo constrói uma identidade educacional integrada. A prática pedagógica e a administrativa, quando voltadas para o processo de ensino-aprendizagem, superam a fragmentação da formação do ser humano.

Essa integração entre o pedagógico e o administrativo fortalece a democracia e a cidadania na construção da gestão democrática escolar e é uma temática recorrente na mídia, nos discursos políticos e na legislação. A democracia e a cidadania têm se constituído em focos de grande interesse dos segmentos das instâncias colegiadas e da efetivação do processo educacional e social.

Uma sociedade democrática fundamenta-se sempre em processos decisórios com base participativa. Tal concretização ocorre quando os indivíduos participam do controle de decisões. De acordo com Paro (2001, p. 154), referindo-se à questão das decisões:

> Daí a necessidade de a administração escolar, ao mesmo tempo em que crie mecanismos que possibilitem a expressão e participação dos membros da comunidade na escola, esteja também atenta no sentido de melhor compreender os interesses manifestados pela classe trabalhadora – e isso não apenas na instituição escolar, mas em todas as instâncias da sociedade.

A concepção de **democracia** funde-se à concepção de **participação**. A participação é o princípio básico da democracia. Nesse sentido, torna-se relevante a participação dos segmentos das instâncias colegiadas e organizadas no processo de ensino-aprendizagem da escola.

Silva (2000) acredita que essas questões reapareceram com grande intensidade em virtude do processo de redemocratização da sociedade brasileira após o longo período de mutilação da cidadania, no qual os direitos civis e políticos foram cerceados e a distância que separa o direito e a sua concretização foi ampliada. A autora afirma que o Brasil avançou em termos político-jurídicos no que diz respeito às ideias proclamadas da democracia porque valorizou a legislação, de acordo com o prescrito na Constituição Federal, pois os direitos foram ampliados em todas as dimensões: civil, política, social e cultural.

No entanto, esses avanços não foram acompanhados de políticas públicas mais competentes, de forma a assegurar todos os direitos fundamentais do processo educacional, principalmente os sociais. Tais direitos devem ser reivindicados e a escola tem o papel de fazê-los reconhecidos e possíveis.

Essa visão é decorrente do processo de democratização política que ocorreu na década de 1980[12], resultante também das dos debates políticos educacionais contra as administrações centralizadoras, intervencionistas, diretivas e burocráticas das décadas anteriores.

Já a Lei nº 5.692/1971[13] defendia a autonomia da escola e a descentralização administrativa no âmbito da educação, princípios já constatados na Lei nº 4.024/1961[14] (que foi revogada pela Lei nº 9.394/1996).

A atual mudança de cenário socioeconômico faz a educação ganhar centralidade por possibilitar o desenvolvimento da cidadania, tornando os trabalhadores aptos a operarem no mundo globalizado. A busca da qualidade se dá pelo mesmo motivo: a educação é o meio para alcançar a competitividade da produção nacional no mercado mundial. Para tal, faz-se necessário articular o sistema educativo com o político e o produtivo (Krawczyk, 1999).

Dessa forma, a gestão educacional responsável deve ter um compromisso financeiro com a sociedade, ressaltando a capacidade e o esforço científico-tecnológico e a cooperação regional e internacional. Nesse sentido, o novo modelo de gestão educacional busca descentralizar a organização financeira e administrativamente, proporcionando-lhe autonomia e responsabilizando-a pelos resultados educativos obtidos pela gestão escolar

A Lei nº 9.394/1996 destaca três principais aspectos da gestão educacional: descentralização administrativa, participação da sociedade civil e autonomia crescente dos sistemas e das escolas públicas. A descentralização apregoada pela legislação não

---

12 Na década de 1980, houve uma efervescência política no Brasil com a presença ativa de movimentos sociais, populares, agrários e comunitários, a fim de obter uma transformação do Estado. Crescia, então, a consciência da necessidade de compartilhar a gestão da esfera pública por meio da efetiva participação da sociedade na condução das políticas públicas. O movimento das Diretas Já lutava pelo fim do período de governos militares (Veiga, 2007).

13 Para consultar a Lei nº 5.692/1971 na íntegra, acesse o *site*: <http://www.planalto.gov.br/ccivil/leis/L5692.htm>.

14 Para consultar a Lei nº 4.024/1961 na íntegra, acesse o *site*: <http://www.planalto.gov.br/ccivil_03/leis/L4024.htm>.

implica somente autonomia administrativa, pedagógica e financeira das escolas, mas estende-se ao corpo docente e o discente, à família e à comunidade.

A democracia cultural escolar problematiza e possibilita visões diferenciadas da vida e do mundo, as quais são criticamente construídas para a leitura do sistema social, político e econômico da sociedade, mas que, no entanto, são contrárias à sociedade competitiva, centralizadora e que objetiva a manutenção dela mesma. Dessa forma, a escola tem o processo de ensino-aprendizagem como eixo principal para a construção de uma sociedade mais justa e mais humana.

Nesse âmbito, o papel do diretor como articulador entre as metas institucionais e os desejos políticos sociais pode ser fortalecido. Sua atuação requer a superação de desafios, tanto financeiros quanto administrativos, e, principalmente, pedagógicos, dentro e fora das instâncias escolares. Cabe ao diretor e à equipe de profissionais da educação trabalharem com a comunidade escolar na busca pelas possíveis soluções dos problemas de ensino e aprendizagem. A comunidade escolar necessita de acompanhamento dos educadores no processo específico de aprendizagem, na articulação entre os diversos conteúdos, na busca coerente da construção do conhecimento e na transformação do processo de ensino-aprendizagem.

Devemos ter claro que a gestão escolar não começa e nem termina nas escolas, ela passa, antes, pela gestão política, administrativa e, evidentemente, pedagógica, da qual faz parte e na qual interfere.

4.2.1 O tempo e o espaço da gestão escolar

A estrutura organizacional pedagógica determina as ações administrativas, as interações políticas e a estrutura pedagógica, das quais fazem parte: currículo, tempo, espaço, relações de trabalho e avaliação.

Por ser uma construção humana, as categorias tempo e espaço são construções sociais e, portanto, variam histórica e geograficamente. Ou seja, o tempo e o espaço sempre foram e são registrados de acordo com as sociedades que os constroem e com a região em que estas estão inseridas. Dessa forma, são determinados segundo as fases da natureza, as variações do clima, os fenômenos celestes, a flora, a fauna, a etnia, a religião e as divisões de classe e de gênero de cada sociedade.

Da mesma forma, o **tempo** e o **espaço** escolar, a partir do século XVI, com a divisão sistemática dos programas e a constituição de classes correspondentes a eles, têm sido graduados e organizados objetivando um melhor desempenho da função de trabalhar os conhecimentos. Porém, não se considera a diversidade humana na construção temporal e espacial escolar.

A escola da atualidade utiliza-se de uma organização composta por dois eixos:

1. **Horizontal** (disposição espacial): salas de aula, direção, administração, biblioteca, laboratórios, cantina, banheiros, pátio, ginásio, entre outros;

2. **Vertical** (disposição temporal): seriação, etapas de aprendizagem, sequência lógica dos conteúdos, estrutura rígida de pré-requisitos etc.

O **eixo horizontal** apresenta-se como uma categoria não neutra, pois o espaço educa. Ele ordena, separa, disciplina e qualifica os estudantes de forma concreta e simbólica. O espaço escolar demonstra não as separações etárias, mas as "cognitivas". Dessa forma, os educandos são separados conforme a série ou o ano em que os educadores docentes da turma decidiram que estão aptos a acompanhar. A escola mostra a todos os educandos quem tem capacidade de estar em uma série ou em outra. Para isso, os educandos são divididos em turmas, que são colocadas em filas paralelas, e devem, sentados, escutar, copiar, resolver, enfim, obedecer ao educador.

Segundo Arroyo (1991):

> As instituições escolares, nas formas mais diversas adotadas ao longo dos séculos, foram espaços e tempos onde se ocupava uma minoria do trabalho manual [...] em vez de estruturarem tentando incorporar (os) vínculos inerentes aos processos de produção do conhecimento e de constituição – formação do Ser Humano, as instituições escolares se estruturaram como reflexo da separação social entre as classes ociosas e as laboriosas, entre os liberados e os condenados ao trabalho.

O tempo escolar – enquadrado no **eixo vertical** – não considera os diferentes ritmos característicos dos seres humanos. A divisão em anos, semestres, trimestres, bimestres ou meses homogeneíza em tempo mediano os tempos de aprender, pois a escola determina esses tempos. Assim, são separados os tempos de aprendizagem, de avaliação, de recuperação dos tempos lúdicos, esportivos, culturais, sem considerações aos tempos socioculturais do educando no processo de ensino e aprendizagem. tornando-se, dessa forma, excludente.

A divisão temporal e espacial escolar reproduz as normas capitalistas e liberais impostas pela sociedade. Elas são excludentes e seletivas, pois, segundo tais princípios, os indivíduos não são iguais do ponto de vista de talentos e aptidões, somente os mais aptos têm condições de ascensão social. Há, assim, uma dissimulação dos mecanismos de discriminação dentro da sociedade e, consequentemente, da escola.

Nesse sentido, cabe aqui discutirmos as atuais mudanças da educação, com a ampliação do ensino fundamental de oito para nove anos. A Lei nº 11.274[15], de 6 de fevereiro de 2006, altera para nove anos o período mínimo para o ensino fundamental, tornando obrigatória a matrícula escolar das crianças a partir dos seis anos de idade. Tais mudanças têm como objetivo a ampliação do tempo do indivíduo no convívio escolar, o que possibilita maiores oportunidades de aprendizagem. Assim, a organização do ensino fundamental caracteriza-se da seguinte forma:

Quadro 4.1 – Organização do ensino fundamental (segundo o caderno de orientações do Ministério da Educação e da Cultura – MEC)

Etapa da educação básica	Idade prevista na matrícula	Duração
Educação infantil	até 5 anos de idade	–
Creche	até 3 anos de idade	–

(continua)

---

15 Para consultar a Lei nº 11.274/2006 na íntegra, acesse o *site*: <http://www.planalto.gov.br/ccivil/_Ato2004-2006/2006/Lei/L11274.htm>.

(Quadro 4.1 – conclusão)

Pré-escola	4 e 5 anos de idade	–
Ensino fundamental	de 6 a 14 anos de idade	9 anos
Anos iniciais	de 6 a 10 anos de idade	5 anos
Anos finais	de 11 a 14 anos de idade	4 anos

Fonte: Santa Catarina, 2010.

Tal mudança temporal apresenta algumas implementações necessárias para seu funcionamento: adaptação dos prédios escolares e espaços físicos; aquisição de materiais didáticos, mobiliários e equipamentos; mudanças curriculares e formação continuada dos educadores docentes e não docentes.

4.2.2 Organização do trabalho escolar

Somente na interação com o outro é que o ser humano configura sua identidade pessoal. Buscar uma solução solitária através de novas alternativas traz, em qualquer área do trabalho pedagógico e administrativo, poucos resultados. Com a efetivação do trabalho coletivo não se pode deixar de considerar que a escola é necessária para a vigência e a manutenção da democracia na sociedade.

O envolvimento da comunidade no gerenciamento da escola é fundamental para sustentar a ação da escola em torno da administração financeira. Esse trabalho coletivo é construído a partir das contribuições de cada um, integradas pela reflexão conjunta.

A escola deve fazer a identificação e o reconhecimento de práticas que necessitam ser desenvolvidas com base nos princípios da gestão pública pela qualidade. Na busca de assegurar condições de acesso à escola e a permanência nela, faz-se necessário buscar a mobilização da comunidade escolar para exigir e garantir direitos constitucionais.

Conscientes da importância do olhar da comunidade para a escola pública, ressaltamos um dos programas de governo para destinação de recursos públicos: o Programa Dinheiro Direto na Escola (PDDE). Trata-se de um programa federal, implantado em 1995, que tem como finalidade prestar assistência financeira, em caráter suplementar, às escolas públicas do ensino fundamental, tanto estaduais quanto municipais.

Tais recursos podem ser empregados na aquisição de material permanente ou de consumo; na manutenção, na conservação e em pequenos reparos do prédio da escola; na avaliação da aprendizagem; no desenvolvimento de atividades educacionais que vão além da carga horária prevista; no funcionamento de escolas nos finais de semana; no Projeto de Melhoria da Escola (PME) para instituições escolares das regiões Norte, Nordeste e Centro-Oeste.

Conforme afirma Padilha (2004, p. 63):

> planejar, em sentido amplo, é um processo que visa a dar respostas a um problema, através do estabelecimento de fins e meios que apontem para a sua superação, para atingir objetivos antes previstos, pensando e prevendo necessariamente o futuro, mas sem desconsiderar as condições do presente e as experiências do passado, levando-se em conta os contextos e os pressupostos filosófico, cultural, econômico e político de quem planeja e de com quem se planeja.

Ao ultrapassar os muros da escola, há uma valorização e um reconhecimento pela comunidade de seu papel cultural. Somente através da gestão democrática a comunidade poderá participar do gerenciamento financeiro da escola.

Na gestão democrática, a comunidade participa através do conselho escolar ou equivalente, ampliando a sua participação nos interesses escolares de seus filhos.

4.3 Instâncias colegiadas

Toda escola está inserida em um contexto político-social. Dessa forma, não podemos deixar de considerar que a democratização desta realiza-se no contexto da democratização da sociedade, não podendo estar uma isolada da outra. Assim, a reflexão coletiva, a qual favorece o diálogo, o respeito e a autocrítica, visando à descentralização do poder e criando uma forma de comunicação horizontal que elimina o controle hierárquico e desenvolve a autonomia, deve ser buscada permanentemente.

A gestão democrática pode ser vista pelos aspectos internos e externos de sua administração. Com a efetivação de órgãos representativos da escola, podemos perceber o patamar de democratização real exercido em cada espaço escolar.

Quanto à questão da participação da comunidade escolar no processo educativo, verificamos que a Constituição da República Federativa do Brasil de 1998, em seu art. 206, vai além das legislações anteriores, quando, ao se referir aos princípios que devem nortear o processo educativo, dá ênfase à gestão democrática do ensino público. Esse dispositivo é repetido no art. 3º da LDBEN (nº 9.394/1996), a qual, em seu art. 14, determina que cabe aos sistemas de ensino definir as normas que orientarão esse tipo de gestão, de acordo com as suas possibilidades e especificidades, tendo como um dos princípios norteadores a participação das comunidades escolar e local em conselhos escolares ou equivalentes. Assim, podemos afirmar que a LDBEN incorpora os direitos de participação na gestão colegiada da escola, por meio dos conselhos de escola e de outros canais de participação surgidos na década de 1980.

Além da Constituição de 1988 e da LDBEN, há também o Estatuto da Criança e do Adolescente (ECA), Lei nº 8.069/1990[16], que incentiva a participação da criança na tomada de decisões, no que diz respeito à sua vida, e prevê expressamente, em seus arts. 15 e 16, o direito da criança e do adolescente à liberdade de opinião e expressão e de participar da vida política na forma da lei.

---

16   Para consultar a Lei nº 8.069/1990 na íntegra, acesse o *site*: <http://www.planalto.gov.br/ccivil03/Leis/L8069/htm>.

4.3.1 Conselho escolar[17]

De acordo com o Estatuto do Conselho Escolar (Brasil, 2005), o **conselho escolar** é um dos órgãos máximos de direção do estabelecimento de ensino. Ele é um instrumento de gestão colegiada e de participação da comunidade escolar, numa perspectiva de democratização da escola pública.

O conselho escolar é um órgão colegiado, representativo da comunidade escolar[18], de natureza deliberativa, consultiva, avaliativa e fiscalizadora, sobre a organização e a realização do trabalho pedagógico e administrativo da instituição escolar em conformidade com as políticas e diretrizes educacionais nacionais e estaduais, observando a Constituição, a LDBEN, o ECA, o PPP e o regimento da escola à qual pertence.

Segundo o Estatuto do Conselho Escolar (Brasil, 2005):

> A função deliberativa refere-se à tomada de decisões relativas às diretrizes e linhas gerais das ações pedagógicas, administrativas e financeiras quanto ao direcionamento das políticas públicas, desenvolvidas no âmbito escolar.
> A função consultiva refere-se à emissão de pareceres para dirimir dúvidas e tomar decisões quanto às questões pedagógicas, administrativas e financeiras, no âmbito de sua competência.
> A função avaliativa refere-se ao acompanhamento sistemático das ações educativas desenvolvidas pela unidade escolar, objetivando a identificação de problemas e alternativas para melhoria de seu desempenho, garantindo o cumprimento das normas da escola, bem como a qualidade social da instituição escolar.
> A função fiscalizadora refere-se ao acompanhamento e à fiscalização da gestão pedagógica, administrativa e financeira da unidade escolar, garantindo a legitimidade de suas ações.

Os membros do conselho escolar não recebem nenhum tipo de remuneração ou benefício pela participação no colegiado, por este se tratar de órgão sem fins lucrativos. Podem partici-

---

17 Esse item foi elaborado com base no Estatuto do Conselho Escolar (Brasil, 2005).

18 A comunidade escolar é compreendida como o conjunto de profissionais da educação atuantes na escola, alunos devidamente matriculados e frequentando as aulas regularmente, pais e/ou responsáveis pelos alunos, representantes de segmentos organizados presentes na comunidade e comprometidos com a educação (Brasil, 2005).

par do conselho escolar representantes dos movimentos sociais organizados, comprometidos com a escola pública e com as políticas educacionais, assegurando-se que sua representação não ultrapasse ⅕ (um quinto) do colegiado.

Lembramos sempre que o conselho escolar não tem finalidade e/ou vínculo político-partidário, religioso, racial, étnico ou de qualquer outra natureza, e sim a responsabilidade de ajudar na organização das atividades desenvolvidas na escola, previstas ou ainda não no seu PPP.

A atuação e a representação de qualquer um dos integrantes do conselho escolar devem visar ao interesse maior dos educandos, inspirados nos princípios e nas finalidades dos objetivos da educação pública, definidos no seu PPP, para assegurar o cumprimento da função social da escola na qual o integrante ensina ou a qual pertence.

O conselho escolar, de acordo com o princípio da representatividade e proporcionalidade, é constituído pelos seguintes conselheiros dos segmentos da comunidade escolar (Brasil, 2005, p. 12):

I. diretor;
II. representante da equipe pedagógica;
III. representante do corpo docente (professores);
IV. representante dos funcionários administrativos;
V. representante dos funcionários de serviços gerais;
VI. representante do corpo discente (alunos);
VII. representante dos pais de alunos;
VIII. representante do Grêmio Estudantil;
IX. representante dos movimentos sociais organizados da comunidade, APMF.
X. Associação de Moradores, Igrejas, Unidades de Saúde, etc.).

As ações e as responsabilidades dos conselheiros escolares devem estar fundamentadas nos seguintes princípios (Brasil, 2005, p. 10):

a) educação é um direito inalienável de todo cidadão;
b) a escola deve garantir o acesso e a permanência a todos que pretendem ingressar no ensino público;

c) a universalização e a gratuidade da educação básica é um dever do Estado;
d) a construção contínua e permanente da qualidade da educação pública está diretamente vinculada a um projeto de sociedade;
e) qualidade de ensino e competência político-pedagógica são elementos indissociáveis num projeto democrático de escola pública;
f) o trabalho pedagógico escolar, numa perspectiva emancipadora, é organizado numa dimensão coletiva;
g) a democratização da gestão escolar é responsabilidade de todos os sujeitos que constituem a comunidade escolar;
h) a gestão democrática privilegia a legitimidade, a transparência, a cooperação, a responsabilidade, o respeito, o diálogo e a interação em todos os aspectos pedagógicos, administrativos e financeiros da organização de trabalho escolar.

Esses princípios contribuirão para o fortalecimento da participação dos seguimentos das instâncias colegiadas, no processo de ensino-aprendizagem dos educandos e na organização pedagógica e administrativa da gestão escolar.

Para que esses princípios se fortaleçam, é necessário que tenhamos como objetivo a efetivação da gestão democrática e participativa da comunidade escolar nos processos de decisões coletivas, a fim de promover o exercício da cidadania e estabelecer políticas públicas que nortearão a organização do processo pedagógico e administrativo da escola. Esse acompanhamento fortalecerá o sistema de avaliação do trabalho pedagógico e garantirá o cumprimento da função social e organizacional do processo de ensino-aprendizagem da escola.

Com a efetivação desse objetivo, os conselheiros escolares deverão evitar a burocratização da organização pedagógica e administrativa, deliberando sobre decisões coletivas do processo de ensino-aprendizagem da escola.

4.3.2 Associação de Pais, Mestres e Funcionários (APMF)[19]

A APMF é um órgão de representação dos pais, mestres e funcionários do estabelecimento de ensino, sendo, então, formado pela comunidade escolar. Esse órgão possibilita que seus membros estejam envolvidos no processo de educação, o que faz dos associados os responsáveis pelo seu sucesso, por meio do apoio à direção e à equipe técnico-pedagógica. É essencial para a realização de sua atividade o entrosamento entre pais, educandos, educadores docentes e não docentes e comunidade através de atividades socioeducativas, culturais e desportivas.

A APMF não tem caráter político-partidário, religioso, racial, e nem fins lucrativos. Os seus representantes são escolhidos em assembleia convocada pela direção da escola ou pelo presidente da APMF, de acordo com o a legislação vigente, e os escolhidos não têm remuneração financeira.

Ela tem como objetivo discutir, colaborar e participar das decisões coletivamente. Nesse contexto, faz parte da gestão democrática, pois ajuda a aprimorar o processo de ensino-aprendizagem, a integração entre família, escola e comunidade e dá assistência aos educandos, fazendo-se efetiva na organização do processo de ensino-aprendizagem e na melhoria da educação pública gratuita e universal.

São de responsabilidade da APMF a organização e a integração dos segmentos da sociedade organizada no contexto escolar, discutindo a política educacional, visando sempre à melhoria do processo pedagógico e administrativo da comunidade escolar. Dessa forma, fortalece o entendimento entre pais, educadores docentes e não docentes e toda a comunidade escolar, assim como a organização e a administração dos recursos financeiros próprios ou os que lhes forem repassados através de convênios, campanhas, promoções e doações (assim como a administração da cantina comercial[20], respeitando-se a legislação vigente), de acordo com as prioridades estabelecidas coletivamente.

---

19   Doravante a expressão *Associação de Pais, Mestres e Funcionários* será representada pela sigla APMF.

20   Local onde a escola vende lanches para os alunos.

A APMF pode também promover palestras, conferências, atividades culturais e esportivas e organizar grupos de estudos e trabalhos envolvendo pais, educadores docentes e não docentes, educandos e comunidade, assim como promover a prestação de serviços temporários na forma prescrita no Código ou na Consolidação das Leis Trabalhistas e manter atualizado o Cadastro Nacional de Pessoa Jurídica (CNPJ) na Receita Federal, documento oficial do funcionamento da APMF escolar.

Pode ainda arrecadar uma contribuição voluntária que não poderá ultrapassar 10% do salário mínimo vigente, recolhida mediante recibos numerados e fixada por família, independente do número de filhos matriculados na unidade escolar. Os recursos arrecadados serão utilizados para melhoria da qualidade do ensino e no atendimento ao aluno carente, sempre em consonância com as decisões coletivas. Essa contribuição não pode ser vinculada ao ato de matrícula, podendo acontecer em qualquer época do ano.

São integrantes do quadro social da APMF as categorias de efetivos, colaboradores e honorários. Efetivos são os pais ou responsáveis legais, os mestres e os funcionários; colaboradores são os ex-alunos, os pais de ex-alunos, os ex-professores e os ex-funcionários; honorários são todos aqueles que tenham prestado relevantes serviços à educação, indicados e aprovados por assembleia geral.

4.3.3 Grêmio estudantil

O grêmio estudantil é uma organização que representa o interesse dos educandos e que tem fins culturais, educacionais, desportivos e sociais. Por meio dele, os estudantes defendem seus interesses, conhecem seus deveres e praticam a ética e a cidadania. Conforme afirmam Grácio e Aguiar (2002, p. 81):

> O grêmio é um espaço coletivo, social e político, de aprendizagem da cidadania, de construção de novas relações de poder dentro da escola, ultrapassando as questões administrativas e interferindo no processo pedagógico. O grêmio organiza-se com mais facilidade quando a escola encontra-se num momento de gestão democrática,

em que a correlação de forças é menos desigual e tem vínculos firmes com a comunidade e com outras instituições. Quando o processo de eleição dos representantes acontece naturalmente, sem a interferência de outros segmentos, notamos maior facilidade na ação dos grêmios, uma vez que as lideranças surgidas nas turmas favorecem essa situação.

O grêmio representa um exercício político que congrega e representa os estudantes da escola. Além de defender direitos do educando, coopera para a melhoria da qualidade do ensino, dá voz aos seus principais partícipes e promove a integração e a colaboração de caráter cultural e educacional com outras instituições de caráter educacional.

São atividades pertinentes ao grêmio estudantil:

- promoção de eventos culturais, como projeção de filmes, peças de teatro, gincanas, concursos, coral, festivais etc.;
- cursos de interesse dos educandos;
- campeonatos esportivos;
- palestras;
- campanhas; entre outras.

Mesmo o grêmio tendo o seu espaço garantido por lei nos âmbitos federal e estadual, esse segmento, às vezes, encontra entraves por parte da equipe de dirigentes, ficando na dependência e no desejo destes serem incluídos ou não. Por outro lado, alguns apoiam e procuram articular-se com os educandos organizados. O espaço físico na escola é outra dificuldade que, em geral, os educandos enfrentam. Porém, eles sempre conseguem um lugar em algum espaço ou dividem uma sala com outros segmentos das instâncias colegiadas da escola (Gracio; Aguiar, 2002) para se organizar.

Para que exista o grêmio, é necessário que o trabalho seja articulado de forma coletiva, assim os seus participantes poderão explorar todas as suas ideias para representar os demais alunos, dos quais é importante considerar as opiniões. Além disso, devem saber negociar com a direção da escola; buscar o envolvimento e a contribuição dos educadores docentes e não docentes nos projetos propostos; divulgar as ações que o grêmio realizou, está realizando ou realizará; estabelecer uma boa relação com a comunidade escolar. Partindo desses princípios, o grêmio estudantil terá pessoas mais comprometidas com o trabalho que pretende realizar. Nesse sentido, Freitas (2010) afirma: "A articulação dos alunos para a organização do grêmio estudantil gira em torno de atividades lúdicas e de ações que visam solucionar problemas ligados à gestão da escola que os atinge diretamente". Com a participação dos estudantes, a escola constrói uma sociedade mais ativa, na busca por igualdade social, política, econômica e cultural para todos.

4.3.4 Conselho de classe

O conselho de classe é um órgão colegiado responsável pelo acompanhamento e a avaliação do processo de ensino-aprendizagem escolar das diferentes séries, níveis ou ciclos. Ele é composto por educadores docentes e não docentes, educandos, equipe pedagógica e direção.

Os educandos têm sua representatividade por meio de um aluno representante de sala, escolhido pelos seus pares, função normalmente expressa na proposta pedagógica da escola. Esse papel constitui uma forma de exercício de emancipação dos alunos diante de outras instâncias da escola.

As atribuições do conselho de classe são voltadas para as decisões relativas à promoção ou à retenção dos educandos e à recuperação de estudos, tendo como parâmetro o seu aproveitamento, expresso nos conceitos ou notas mensais, bimestrais, trimestrais ou semestrais, de acordo com a organização escolar vigente em cada instituição de ensino. Porém, todo o processo deve ser para o saneamento de problemas, através da busca pela melhoria do ajustamento do educando e de seu avanço pedagógico.

O conselho de classe tem a característica de ampliar a relação entre profissionais da educação e educandos, pois propicia o debate sobre o processo de ensino-aprendizagem, favorece a integração e a sequência dos conteúdos curriculares de cada série ou turma e orienta o processo de gestão do ensino, podendo se tornar uma importante instância de avaliação e reflexão da própria escola.

Porém, sabemos que a participação dos educandos nesse processo é, muitas vezes, indesejada. Mas é imprescindível que o aluno participe do conselho de classe e da construção de políticas pedagógicas e administrativas que superem a seletividade no processo de avaliação, fortalecendo, assim, a democratização da organização do processo de ensino-aprendizagem na construção de políticas que superem a exclusão e sejam fruto de ação coletiva de todos os atores da comunidade escolar.

4.4 Dificuldades encontradas na construção coletiva do PPP

Para que haja articulação, interdependência, reciprocidade e dinamicidade na construção coletiva do PPP, é de extrema importância o papel articulador do diretor e da equipe pedagógica nesse processo.

Segundo Veiga (1995, p. 57):

> o projeto de uma escola é fruto da projeção arquitetada por todos os envolvidos com o processo educativo, considerando que é na prática que a teoria tem seu nascedouro, sua fonte de desenvolvimento e sua forma de construção, e é na teoria que a prática busca seus fundamentos de existência e reconfiguração.

Como já afirmamos anteriormente, o trabalho escolar reflete a concepção da gestão a que a escola está atrelada. Assim, cabe refletirmos sobre a forma de promoção dos trabalhos coletivos, como o enfrentamento da cultura autoritária e da estrutura verticalizada a que a escola está enraizada. Daí a necessidade da articulação do diretor e da equipe pedagógica na construção do PPP, a fim de proporcionar as condições básicas para a democratização do saber e a ampliação da participação da comunidade nos rumos da prática escolar.

Mais uma vez devemos ter em mente as condições atuais da escola perante o fornecimento de condições reais para a democratização tão apregoada historicamente. Um dos grandes desafios é promover a articulação de todos os segmentos da escola – pais e comunidade local – em torno de um mesmo projeto educacional. Outro desafio é garantir condições para que essas participações sejam respaldadas, isto é, a escola deve preocupar--se com o fato de que a comunidade entenda seu papel, o papel político, social e necessário na busca de uma escola transformadora. A participação de todos os segmentos deve estar garantida também na relação do que se deve saber para poder tomar as decisões mais próximas dos desejos da comunidade, superando o senso-comum. Cabe à escola a superação desse senso na busca do senso crítico.

A comunidade deve estar preparada criticamente para ter asseguradas as condições de sua participação, de modo a possibilitar a análise e a reflexão da prática educativa no cotidiano escolar, o acompanhamento da implantação do conjunto de ações e a avaliação contínua do projeto educacional. Esse exercício exige uma visão democratizadora dos dirigentes escolares.

Sendo assim, é função da direção e da equipe pedagógica promover os momentos coletivos de discussão e de reflexão da prática educativa acerca de sua intenção política; criar estratégias e instrumentos de ampliação da participação de todos; organizar o trabalho escolar priorizando a socialização do conhecimento científico; promover a instrumentalização da comunidade escolar para melhor compreensão e enfrentamento dos desafios educacionais; possibilitar o estabelecimento de relações cooperativas e justas; além de intervir nas relações e nas práticas escolares em função do PPP da escola.

A concepção de mundo deve ser esclarecida em cada comunidade escolar, sua prática educacional deve refletir esse esclarecimento de forma que dela sejam selecionadas as teorias que orientem as ações desenvolvidas.

Conhecer as relações entre capital, trabalho e escola é fundamental. Os valores agregados pelo neoliberalismo, como competição, exploração, lucro, individualismo e exclusão, devem ser discutidos claramente na busca de sua superação, tendo como meta a dignidade, o respeito, os valores coletivos e o bem comum.

O PPP é um exercício maior que a construção de um documento: ele estabelece relações humanas, estudos sociais e aplicação de conhecimentos construídos criticamente pela comunidade escolar. Ele pode alicerçar um trabalho de transformação social ampla através do compromisso de seus participantes.

Segundo Veiga e Resende (1998, p. 57):

> Pensar o Projeto Político-Pedagógico de uma escola é pensar no conjunto e a sua função social. Se essa reflexão a respeito da escola foi realizada de forma participativa por todas as pessoas nela envolvidas certamente possibilitará a construção de um projeto de escola consistente e possível.

O diretor e a equipe pedagógica têm a função de articular as diferentes visões de todos os participantes, superando o momento de "desabafo" necessário à população que por tanto tempo se viu calada. Assim, é evidente que haverá momentos no qual todos falam e não se chega a conclusões claras. Nesses casos, cabe ao gestor direcionar esse movimento característico do coletivo: a efetivação da participação de todos. Ainda segundo Veiga e Resende (1998, p. 14): "A legitimidade de um projeto político-pedagógico está devidamente ligada ao grau e ao tipo de participação de todos os envolvidos com o processo educativo da escola [...]."

A construção coletiva torna-se um grande desafio para todos os atores do processo educativo, exigindo responsabilidade no desenvolvimento da democratização do trabalho da organização escolar.

4.5 A participação efetiva e consciente do pedagogo

A real participação do pedagogo deve ser intencional e direcionada para uma ação social, política, cultural, econômica e, principalmente, coletiva. A fragmentação do trabalho escolar, reflexo da lógica tecnicista[21], deve ser superada a fim de objetivar a real

---

21   Conceito em que o mais importante é a técnica, e não o processo pedagógico.

especificidade da escola, que não é a ação burocrática, e sim o processo de ensino-aprendizagem – a conscientização do envolvimento do trabalho pedagógico com toda a comunidade. Para Gadotti (2004, p. 29-30):

> fazer pedagogia é fazer prática teórica por excelência. É descobrir e elaborar instrumentos de ação social. Nela se realiza, de forma essencial, a unidade entre teoria e prática. [...] O pedagogo é aquele que não fica indiferente, neutro, diante da realidade. Procura intervir e aprender com a realidade em processo. O conflito, por isso, está na base de toda a pedagogia.

Nesse sentido, a participação do pedagogo na articulação do coletivo da escola e das concepções por ela elencadas é primordial para a efetivação do processo de ensino-aprendizagem.

O papel do pedagogo na realização do PPP é o de coordenar, elaborar e acompanhar sua efetivação, não como mentor, mas como responsável pela sua promoção. Assim, junto com a direção, ele deve promover reuniões e grupos de estudo a fim de investigar a realidade escolar e nela intervir.

Da mesma forma, cabe a ele o papel de organizar atividades com a comunidade escolar interna e externa, buscando conhecimentos historicamente construídos e sistematizados para contribuir com o processo de ensino-aprendizagem do corpo docente e discente.

Assim, o pedagogo é responsável pela coordenação, implantação e efetivação, nas escolas, das diretrizes curriculares, utilizando-se do PPP, do plano de ação do estabelecimento e do regimento escolar, sempre em consonância com as políticas educacionais vigentes tanto no âmbito nacional quanto no estadual e no municipal. Conforme Paulo Freire (2007), o pedagogo precisa articular o entorno externo, trazendo-o ao interno com seus aspectos econômicos, políticos e culturais. Também compete à sua função orientar a comunidade escolar na construção de um processo pedagógico na perspectiva democrática, tanto em relação à direção, no plano de construção coletiva, quanto às equipes docentes e discentes, de forma a garantir o processo coletivo de reflexão-ação sobre o trabalho desenvolvido.

A formação continuada dos profissionais da educação na busca pelo aperfeiçoamento do trabalho desenvolvido na escola também é papel do pedagogo e deve estar descrito no PPP de cada instituição escolar, assim como o aprimoramento teórico-metodológico, a formação de grupos de estudos, oficinas, debates, seminários, buscando a garantia de um aperfeiçoamento constante dos atores da escola.

O pedagogo, ao ter a dimensão da organização de seu trabalho no cotidiano da escola, deve considerar a descentralização do poder, numa gestão escolar mais horizontal, participativa e democrática, estabelecendo parcerias e trabalho cooperativo. Isso irá ao encontro do tema desta pesquisa, ou seja, a construção do PPP. O pedagogo deve integrar-se aos processos de conselho de classe, conselho escolar e outras instâncias colegiadas a serem vistas no próximo capítulo deste livro.

4.6 Comunidade e escola

Ter clareza da representação social da escola na comunidade é fundamental para realizarmos uma prática pedagógica competente e socialmente comprometida, particularmente num país de contrastes como o nosso, onde convivem grandes desigualdades econômicas, sociais e culturais.

Formar cidadão não é tarefa apenas da escola. No entanto, como local privilegiado de trabalho com o conhecimento ela tem grande responsabilidade nessa formação, uma vez que recebe crianças, jovens e adultos por certo número de horas, todos os dias, durante anos de suas vidas, possibilitando-lhes construir saberes indispensáveis para sua inserção social.

Segundo Barreto (1992, p. 55-64),

> excluem-se da escola os que não conseguem aprender, excluem-se do mercado de trabalho os que não têm capacidade técnica porque antes não aprenderam a ler, escrever e contar e excluem-se, finalmente, do exercício da cidadania esses mesmos cidadãos, porque não conhecem os valores morais e políticos que fundam a vida de um sociedade livre, democrática e participativa.

Opondo-se a isso, a comunidade espera que, apesar das diferenças de abordagem, a escola forme cidadãos que participem ativamente da vida econômica e social do país, contribuindo para a transformação da sociedade brasileira numa sociedade mais justa, com melhores condições de vida para todos. Isso requer conhecimentos e capacidades cognitivas que possibilitem às pessoas situar-se no mundo de hoje, ler e interpretar a grande quantidade de informações existentes, conhecer e compreender as tecnologias disponíveis, bem como continuar seu processo de aprendizagem de forma autônoma.

Porém, a escola pública não consegue sequer atender aos dispositivos constitucionais que garantem escolaridade à população dos 6 aos 18 anos[22]. Ainda hoje há muitas crianças, jovens e adultos que não têm acesso a ela; e uma grande parte dos que conseguem entrar são excluídos depois de sucessivas repetências.

A responsabilidade dessa exclusão é, em parte, da escola, quando esta mantém mecanismos de seletividades e passa uma visão de mundo ingênua e permeada de preconceitos, revelando, dessa forma, sua face cruel e validando a desigualdade social. É preciso, e possível, reverter essa situação.

Conforme Setubal, Sampaio e Grosbaum (2010):

> A superação dos problemas do país não é tarefa de uma única instituição social, mas da Nação como um todo, através da definição de um projeto político, econômico e social que vise à melhoria das condições de vida da população e seu acesso aos bens socialmente produzidos, incluindo o conhecimento elaborado.

Essas mesmas autoras continuam dizendo que a escola tem limites; ela não existe isoladamente, mas faz parte de um sistema público que tem a responsabilidade de lhe dar sustentação para que possa cumprir sua função. Tal sustentação não pode ter caráter tutelar ou paternalista, pois somente com autonomia a escola poderá cumprir seu papel de forma competente. Da mesma forma, os atores que nela atuam e que dela se beneficiam devem

---

22 Não estamos considerando a Lei nº 11.274/2006, que altera para nove anos o período mínimo para o ensino fundamental, obrigando a matrícula das crianças a partir dos seis anos de idade.

definir e construir seu processo pedagógico para que se comprometam com ele.

Uma ação pedagógica realista e democrática acontecerá a partir do momento em que atendermos às especificidades da comunidade local e às demandas da sociedade de hoje. É papel das comunidades participarem nas decisões relativas aos rumos, diretrizes e organização da escola, como forma de garantir uma educação de qualidade que possa ter continuidade, mesmo com as mudanças que ocorrem no quadro político.

De acordo com Lunardi (2004):

> Há uma nova função da escola, ao mesmo tempo em que este papel ajuda a forjar o modelo de sociedade no qual está inserida.
> Nesse sentido, a escola de hoje precisa ser analisada e estudada, considerando as múltiplas demandas que visa atender por conta do atual contexto. Na redefinição de sua função social, a tão falada crise parece nada mais ser do que uma adequação necessária para o contínuo exercício de sua tarefa institucional.

A gestão democrática tem como princípio a participação da comunidade na administração escolar e deve estar atenta à preservação do patrimônio da escola. com vistas a diminuir os índices de vandalismos na infraestrutura escolar, assim como o cuidado e a preservação documental de equipamentos e do material didático. Os estudantes devem aprender a respeitar o meio onde estão inseridos e a preservá-lo para que outros possam usufruí-lo posteriormente.

Inicialmente, para tomada de consciência com visão preventiva, é necessário identificar e inventariar o patrimônio escolar, tanto o edificado quanto o documental, equipamentos e material didático. Além disso, devemos fazer o levantamento iconográfico-documental do patrimônio escolar por meio da captação sistemática de imagens e seu tratamento para acesso, divulgação e utilização pública.

Em seguida, devemos partir para a ação propriamente dita: a efetivação de projetos de preservação do patrimônio escolar. Cada comunidade, cada escola, cada lugar deve elaborar um projeto que efetive as vontades de seus atores. Não há como apresentar nada pronto para ser desenvolvido, pois isso irá tirar o caráter participativo da concepção democrática.

Atos de vandalismo, como pichações e destruição, são constantes tanto no patrimônio público quanto no privado. A escola é alvo constante de tais atos, pois está à mercê de todos, e muitos não a tem como um bem comum, que está a serviço da melhoria da qualidade de vida da comunidade como um todo. Daí começa o trabalho de conscientização cidadã do espaço público e de seu zelo, pois é na escola que se deve começar o trabalho relacionado à preservação do patrimônio, o qual é reflexo da sociedade em que está inserido.

Projetos criativos de envolvimento comunitário são soluções eficazes para sanar os problemas gerados pela falta de respeito aos bens comuns. Cartazes e adesivos com frases elaboradas pelos participantes – como: "Eu cuido da minha escola", "A escola é minha, eu cuido dela" – são reflexos do envolvimento de educandos, pais, educadores docentes e não docentes e de toda a comunidade na luta cotidiana contra o vandalismo e a favor da conservação dos bens públicos. Podem-se realizar mutirões com diversas finalidades para reestruturar a escola atingida pela falta de consciência pública. O importante é difundir a ideia da preservação e despertar a consciência crítica e cidadã.

Cabe aos gestores escolares mobilizarem-se perante a comunidade com propostas de projetos a serem desenvolvido por todos, pois há uma urgente necessidade de desmistificar a cultura de destruição e transformá-la em cultura de preservação.

A promoção de projetos ainda serve para a criação de códigos de convivência, proporcionando transformações positivas no ambiente e nos que nele convivem. A capacidade de envolvimento da comunidade na mudança da escola vem da concepção de educação com a qual trabalhamos e a qual fortalecemos em nossa escola.

Síntese

Este capítulo tratou da gestão democrática na construção coletiva do PPP e da participação dos segmentos das instâncias colegiadas na organização escolar.

    Faz-se necessário a participação efetiva de todos os envolvidos no processo educacional das escolas públicas, os quais devem desempenhar o seu papel como sujeitos politicamente organizados, escolhendo o seu representante para participar das instâncias colegiadas da escola – funções inerentes ao desenvolvimento de um projeto de sociedade e de educação. Nesse sentido, todos deverão assumir a função de dirigentes, articuladores, mediadores e interlocutores com os diversos segmentos da comunidade escolar, na construção de um PPP que contemple os interesses e as necessidades históricas dos alunos das escolas públicas.

Indicações culturais

Filmes

CENTRAL do Brasil. Direção: Walter Salles. Produção: Arthur Cohn e Martine de Clermont-Tonnerre. Brasil: Sony Pictures Classics, 1998. 112 min.

    Dora, uma professora aposentada, ganha a vida na Estação Central do Brasil, no Rio de Janeiro, escrevendo cartas para imigrantes analfabetos de distintas partes do país. Ela participa da vida das pessoas, ação na qual podemos estabelecer um parâmetro entre o processo educacional vivido em nosso país. No filme, podemos observar como é importante a participação da sociedade no processo de ensino-aprendizagem.

MATRIX. Direção: Andy Wachowski, Larry Wachowski. Produção: Joel Silver. EUA: Warner Home Vídeo, 1999. 136 min.

    Obra de ficção que explora a questão do domínio do mundo por máquinas de inteligência artificial. Revela a importância de aprendermos a trabalhar com as tecnologias no processo pedagógico e administrativo da organização escolar.

O FEITIÇO DO TEMPO. Direção: Harold Ramis. Produção: Trevor Albert e Harold Ramis. EUA: Columbia Pictures, 1993. 97 min.

Um repórter de televisão, ao fazer uma reportagem numa cidade do interior, fica preso por causa de uma tempestade de neve. O filme destaca a dificuldade em analisar ou interferir no trabalho de destruição da natureza em nossa cidade e/ou nosso país.

Atividades de autoavaliação

1. O conselho escolar é um dos órgãos máximos de direção do estabelecimento de ensino. Ele é um instrumento de gestão colegiada e de participação da comunidade escolar, numa perspectiva de democratização da escola pública. Sendo assim, é formado por:

    a) todos os alunos regularmente matriculados.

    b) diretor; representante da equipe pedagógica; representante do corpo docente (professores); representante dos funcionários administrativos; representante dos funcionários de serviços gerais; representante do corpo discente (alunos); representante dos pais de alunos; representante do grêmio estudantil; representante dos movimentos sociais organizados da comunidade, APMF, associação de moradores, igrejas, unidades de saúde etc.

    c) representante da equipe pedagógica; representante do corpo docente (professores); representante dos funcionários administrativos; representante dos funcionários de serviços gerais; representante do corpo discente (alunos); representante dos pais de alunos; representante do grêmio estudantil; representante dos movimentos sociais organizados da comunidade, APMF, associação de moradores, igrejas, unidades de saúde etc.

d) diretor; representante da equipe pedagógica; representante do corpo docente (professores); representante dos funcionários administrativos; representante dos funcionários de serviços gerais; representante do corpo discente (alunos); representante dos pais de alunos; representante do grêmio estudantil.

2. A ação do conselho escolar deverá estar fundamentada nos seguintes pressupostos:

    a) A educação é um direito inalienável de todo cidadão; a escola deve garantir o acesso e a permanência a todos que pretendem ingressar no ensino público; a universalização e a gratuidade da educação básica é um dever do Estado; a democratização da gestão escolar é responsabilidade de todos os sujeitos que constituem a comunidade escolar; a gestão democrática privilegia a legitimidade, a transparência, a cooperação, a responsabilidade, o respeito, o diálogo e a interação em todos os aspectos pedagógicos, administrativos e financeiros da organização de trabalho escolar.

    b) A construção contínua e permanente da qualidade da educação pública está diretamente vinculada a um projeto de sociedade; a qualidade de ensino e a competência político-pedagógica são elementos indissociáveis num projeto democrático de escola pública; o trabalho pedagógico escolar, numa perspectiva emancipadora, é organizado numa dimensão coletiva; a democratização da gestão escolar é responsabilidade de todos os sujeitos que constituem a comunidade escolar; a gestão democrática privilegia a legitimidade, a transparência, a cooperação, a responsabilidade, o respeito, o diálogo e a interação em todos os aspectos pedagógicos, administrativos e financeiros da organização de trabalho escolar.

    c) A educação é um direito inalienável de todo cidadão; a escola deve garantir o acesso e a permanência a todos que pretendem ingressar no ensino público; a universalização e a gratuidade da educação básica é um dever do Estado.

d) A educação é um direito inalienável de todo cidadão; a escola deve garantir o acesso e a permanência a todos que pretendem ingressar no ensino público; a universalização e a gratuidade da educação básica é um dever do Estado; a construção contínua e permanente da qualidade da educação pública está diretamente vinculada a um projeto de sociedade; qualidade de ensino e competência político-pedagógica são elementos indissociáveis num projeto democrático de escola pública; o trabalho pedagógico escolar, numa perspectiva emancipadora, é organizado numa dimensão coletiva; a democratização da gestão escolar é responsabilidade de todos os sujeitos que constituem a comunidade escolar; a gestão democrática privilegia a legitimidade, a transparência, a cooperação, a responsabilidade, o respeito, o diálogo e a interação em todos os aspectos pedagógicos, administrativos e financeiros da organização de trabalho escolar.

3. Os objetivos do conselho escolar são:
   a) Realizar a gestão escolar democrática; garantir a efetiva participação da comunidade escolar nos processos decisórios na escola.
   b) Acompanhar e avaliar o trabalho pedagógico; estabelecer políticas e diretrizes norteadoras da organização do trabalho pedagógico.
   c) Garantir o cumprimento da função social e da especificidade do trabalho pedagógico da escola.
   d) Promover o exercício da cidadania no interior da escola.

4. A APMF é um órgão de representação dos pais, mestres e funcionários do estabelecimento de ensino, sendo, então, formada pela comunidade escolar. Esse órgão possibilita a seus membros estarem envolvidos no processo de educação, o que faz dos associados os responsáveis pelo sucesso da educação, por meio do apoio à direção e à equipe técnico-pedagógica. Sendo assim, é essencial para a realização de sua atividade:

a) o entrosamento entre pais, alunos, professores, funcionários e comunidade através de atividades como reuniões pedagógicas constantes.

b) o entrosamento entre pais, alunos, professores, funcionários e comunidade através de atividades como cursos de formação profissional.

c) o entrosamento entre pais, alunos, professores, funcionários e comunidade através de envolvimento político-partidário e religioso.

d) o entrosamento entre pais, alunos, professores, funcionários e comunidade através de atividades socioeducativas, culturais e desportivas.

5. Compete à APMF promover:

a) decisões relativas à promoção ou à retenção dos alunos.

b) políticas e diretrizes norteadoras da organização do trabalho pedagógico.

c) palestras, conferências e grupos de estudos envolvendo pais, professores, alunos, funcionários e comunidade, assim como a locação de serviços de terceiros para prestação de serviços temporários na forma prescrita no Código ou na Consolidação das Leis Trabalhistas e manter atualizado o CNPJ junto à Receita Federal, documento oficial do funcionamento da APMF escolar.

d) decisões relativas à promoção ou retenção dos alunos, a recuperação de estudos, tendo como parâmetro o seu aproveitamento, expresso nos conceitos ou notas mensais, bimestrais, trimestrais ou semestrais.

6. A APMF pode arrecadar uma contribuição voluntária:

a) que não poderá ultrapassar 10% do salário mínimo vigente. Essa contribuição não pode ser vinculada ao ato de matrícula, podendo acontecer em qualquer época do ano.

b) recolhida mediante recibos numerados e fixada por família, independente do número de filhos matriculados na unidade escolar.

c) que será utilizada para a melhoria da qualidade do ensino e no atendimento do aluno carente, sempre em consonância com decisões coletivas.

d) Todas as alternativas anteriores estão corretas.

7. O grêmio estudantil é uma organização que representa os interesses dos alunos e que tem fins culturais, educacionais, desportivos e sociais. Através dele, os estudantes defendem seus interesses, conhecem seus deveres e praticam a ética e a cidadania. São atividades pertinentes ao grêmio estudantil:

a) Promoção de eventos pedagógicos como projeção de filmes, peças de teatro, gincanas, concursos, coral, festivais etc.; cursos de interesse dos educadores; campeonatos esportivos; palestras; campanhas etc.

b) Arrecadar uma contribuição voluntária que não poderá ultrapassar 10% do salário mínimo vigente.

c) Promoção de eventos culturais como passeatas políticas partidárias, projeção de filmes, peças de teatro, gincanas, concursos, coral, festivais etc.; cursos de interesse dos educandos;campeonatos esportivos; palestras; campanhas etc.

d) Promoção de eventos culturais como projeção de filmes, peças de teatro, gincanas, concursos, coral, festivais etc.; cursos de interesse dos educandos; campeonatos esportivos; palestras; campanhas etc.

8. O conselho de classe é um órgão colegiado responsável pelo acompanhamento e pela avaliação do processo de ensino-aprendizagem escolar das diferentes séries, níveis ou ciclos. Ele é composto pelos professores, alunos, equipe pedagógica e direção. O aluno tem sua representatividade através do aluno representante de sala, escolhido pelos seus pares, função normalmente expressa na proposta pedagógica da escola. Esse papel representa uma forma de exercício de emancipação dos alunos perante outras instâncias da escola. Quanto a essa questão, marque (V) para as afirmativas verdadeiras ou (F) para as falsas:

( ) A participação dos alunos nesse processo é indesejada.
( ) A participação do aluno não é significativa no que diz respeito ao avanço no sentido legal, pois esta é uma ação de exclusiva responsabilidade do professor ou de um especialista em educação.
( ) A participação do aluno no conselho de classe é significativa quanto ao avanço, no sentido de que a avaliação é de responsabilidade de todos os atores da escola, e não somente do aluno.
( ) Somente o aluno deverá opinar na decisão final.
( ) Todas as alternativas anteriores estão corretas.

Assinale a alternativa que corresponde à sequência correta:
a) F, F, V, F, F.
b) V, F, V, F, F.
c) F, F, F, F, F.
d) V, V, V, V, V.

Atividades de aprendizagem

Questões para reflexão

1. Você participa da relação de poder entre os atores do processo de ensino-aprendizagem da escola? Nós estamos incentivando a participação da comunidade escolar na construção e efetivação do PPP da escola?

2. Estamos superando a ideia de que o PPP é tarefa exclusiva do pedagogo ou do diretor? Participamos efetivamente do PPP da escola?

Atividade aplicada: prática

1. Leia o trecho da letra da música[23] a seguir:

> Tenta perceber a tua identidade
> Procura no teu íntimo a verdade
> Não és apenas mais uma pessoa
> Que aparece neste mundo à toa
> Tenta encontrar as tuas raízes
> Senão pode ser que algum dia as pises
> Só assim perceberás quem tu és
> No sangue que te corre da cabeça aos pés
> Talvez daí tires uma lição
> Sobre o que se passa neste mundo cão
> Muitas vezes é preciso saber ouvir
> Ir em frente quando apetece desistir.

Segundo Paro (2003), a escola propicia a aquisição de valores e recursos democráticos por meio da gestão escolar.

Em sua escola, como você avaliaria esse processo? Faça uma análise buscando informações com os seus colegas e com os funcionários da escola e listando-as.

---

[23] Trecho retirado da música *Educação é (liberdade)*, do grupo *Da Weasel*. Disponível no *site*: <http://vagalume.uol.com.br/da-weasel/educacao-e-liberdade.html>.

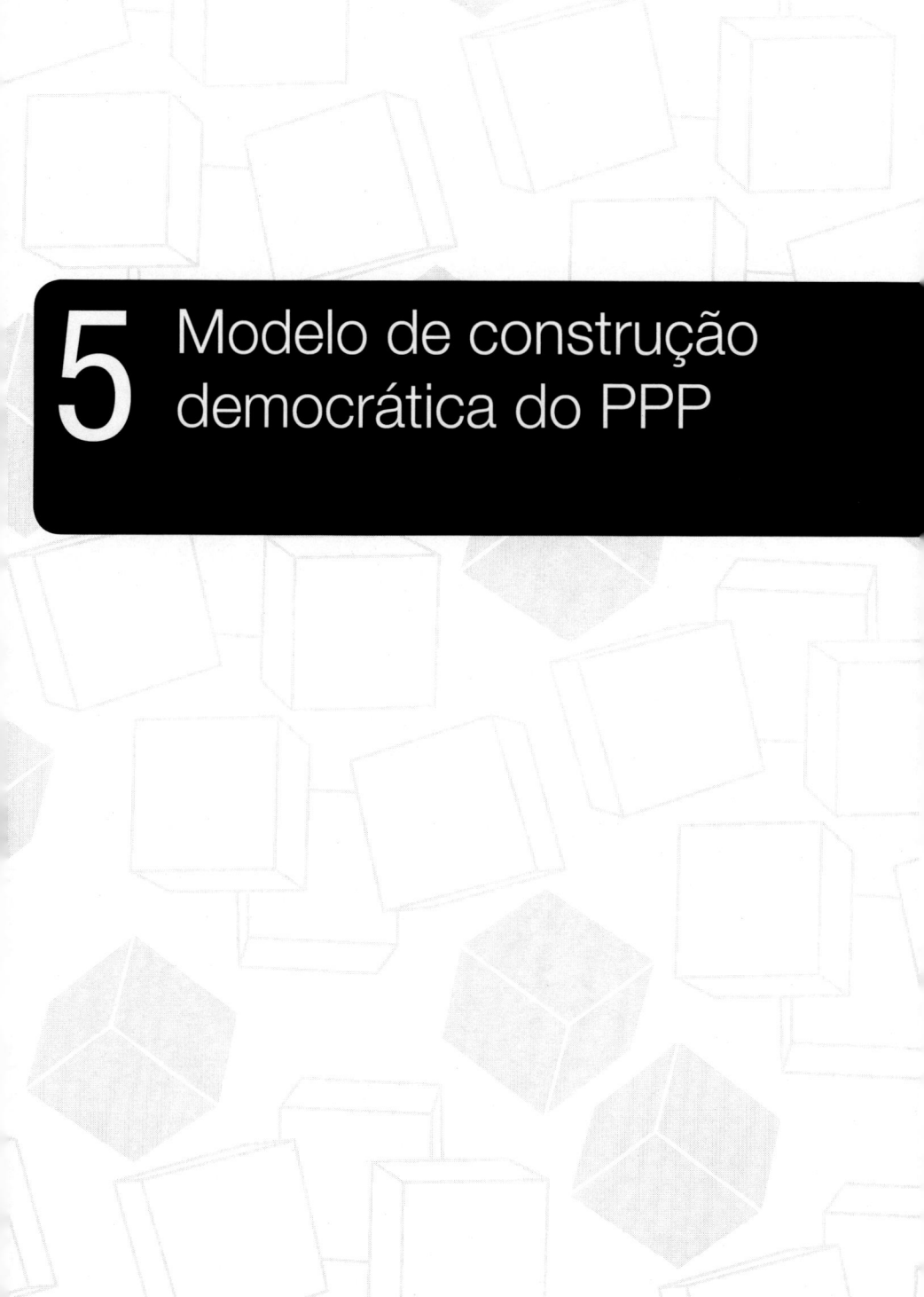

5 Modelo de construção democrática do PPP

> "[...] *identificação dos elementos naturais e culturais necessários à constituição da humanidade em cada ser humano e à descoberta das formas adequadas ao atingimento desse objetivo*".
>
> (Saviani, 1992, p. 30)

Para que o PPP permeie o cotidiano da escola sem modificá-lo, isto é, respeite sua cultura, seu jeito de ser e acontecer, é necessário que conheçamos a realidade explícita e implícita que a constitui. Há a necessidade da análise teórica da prática escolar por meio de um processo dialético. Esse trabalho não pode ser espontâneo, precisa criar momentos exclusivos para a sua construção. Para tal, é imprescindível a participação de toda a comunidade escolar.

Por ser uma construção coletiva, é essencial considerarmos o contexto real da comunidade onde o educando vive. Para isso, é preciso ter em mãos as seguintes questões: quem são, de onde vêm, quais suas necessidade e quais as aspirações familiares. Essas informações podem ser captadas na ficha de matrícula dos educandos em cada início do período letivo, ou durante o período, por meio de instrumentos próprios.

É importante salientarmos que tais informações devem ser constantemente atualizadas, pois o processo é contínuo e permanente. Portanto, é muito importante trabalharmos com os resultados apresentados a partir dessa análise. Devemos obter também os resultados apresentados pelos educandos no que diz respeito à aprovação, à reprovação, à relação idade-série-evasão, considerando tanto as transferências quanto as desistências, a situação de transporte, a ocupação ou profissão dos responsáveis, entre outros. Esses são dados que trazem informações relevantes na construção do perfil do educando.

A análise dessa situação é fundamental para o apontamento das necessidades que precisam ser estabelecidas. É preciso elaborar também o registro das conclusões de cada um dos itens relacionados.

Tais dados oferecem a oportunidade de apontarmos os principais problemas que permeiam a realidade escolar. Esse mapeamento traça um perfil de como a escola se encontra em relação às suas necessidades mais preeminentes.

O perfil da escola é delineado, também, por meio da apresentação dos dados dos educadores. Entre esses dados, destacam-se a formação, a relação entre a formação e a atuação, o tempo de magistério, a unidade e a coerência entre a metodologia de ensino, os programas, o planejamento e a avaliação, os trabalhos e os projetos coletivos, a frequência nas aulas, em reuniões e em projetos etc.

Sobre os dados gerais da escola, centramos a pesquisa em relação às condições prediais e às matérias e os recursos disponíveis. É interessante coletar dados sobre a situação da estrutura de atendimento da região em relação ao esporte, à saúde, à cultura e ao lazer.

Para construir o PPP, é necessário pensar na organização dos profissionais da escola, tanto no cotidiano do trabalho escolar, quanto nas políticas educacionais.

Para isso não há modelos prontos e nem deve haver, pois cada realidade tem suas peculiaridades, suas necessidades e seus objetivo específicos. A seguir, propomos um roteiro de organização do pensamento para uma possível realização prática.

Quadro 5.1 – Fases de elaboração do projeto

Sensibilização	Planejamento	Elaboração	Difusão
1. Leituras	5. O quê?	10. Atividades	14. Veículo
2. Assessorias	6. Como?	11. Recursos materiais, humanos e formais	15. Interessados
3. Pesquisa	7. Quando?		
4. Análises	8. Por quem?		
	9. Para quem?	12. Responsável (veis)	
		13. Prazo	

5.1 Questões básicas para a construção coletiva do PPP

Alguns questionamentos são necessários para a compreensão do que se é e de onde se quer chegar. O quadro a seguir contém perguntas diversas, as quais foram elaboradas a fim de direcionar a investigação de onde se está, com a intenção de determinar aonde se que chegar.

Quadro 5.2 – Organização pedagógica e administrativa da escola

Seção	Marcos situacional, conceitual e operacional
	Perguntas para reflexão: **O que se tem e aonde se quer chegar?**
Identificação	Quem se é? Onde se está? O que a escola pretende ou idealiza fazer? Quais os objetivos prioritários da escola? Qual é o perfil da escola? Por que a escola deve formar para a cidadania? A quem serve a escola em que se trabalha?
Histórico da escola	A experiência do passado é analisada para a organização de metas para o futuro? O espaço físico da escola está preparado para receber os alunos? Como estão organizados os projetos da escola? Eles estão de acordo com a realidade vivida pelos educandos? Eles estão sendo preparados para transformar o espaço escolar? Existem ações que visem à participação de toda comunidade escolar? É um espaço coletivo que deve ser assumido com responsabilidade por todos que usufruem desse espaço, na manutenção e na luta pela melhoria, através de reivindicações aos órgãos públicos?

(continua)

(Quadro 5.2 – continuação)

Ambiente educativo	Como são tratados os problemas pessoais trazidos para a escola? O ambiente da escola favorece a amizade entre todos? As pessoas gostam de frequentar e estar na escola? Os professores e funcionários gostam do trabalho que exercem? A escola promove festas com a participação de todos? Como é o trato entre os que convivem na escola? As pessoas que estão na escola sentem-se respeitadas e valorizadas? As pessoas que procuram a escola são atendidas com atenção e respeito? Que atitude é tomada quando há uma postura preconceituosa ou discriminatória com relação a alguém da escola? A discriminação é discutida na escola? Existem regras de convivência? Elas são conhecidas por todos? Quem as determinou?
Oferta de cursos e turmas	Quais os cursos ofertados? Quantas turmas há em cada período? As turmas aumentam e diminuem em que proporção? Por quê? Os alunos que entram alcançam as séries finais? Como estão os índices de evasão e repetência?
Matriz curricular	Como é divulgada a grade curricular da escola? A escola é organizada em séries, ciclo ou períodos?

(Quadro 5.2 – continuação)

Alunos	Quem são? De onde vêm? Quais as suas necessidades? Quais suas condições de vida? Como chegam à escola? Com o que sonham? Trabalham? Onde? Quantas horas? Que experiências, vivências e conhecimentos têm? Como os alunos podem interagir como cidadãos enquanto crianças e jovens? Como os alunos têm se beneficiado da ação da escola? Os alunos têm voz? Têm vez? Como? Há espaço para apresentar as ideias dos alunos? Onde? Como? Como o aluno aprende? O que a escola representa na vida desse aluno? São controlados os números de faltas dos alunos? É pesquisado o motivo das faltas dos alunos? Como são reconhecidos no entorno da escola os alunos que não a frequentam?
Pais	Quem são? Onde trabalham? Quais são as aspirações referentes à escola?
Educador docente	Qual a formação dos docentes? Qual a carga horária de trabalho? Qual função exerce? Como é trabalhada a formação do professor? O que pensa cada professor a respeito de sua função? A escola dispõe da quantidade de professores suficiente para o bom funcionamento da escola? A falta do professor prejudica o andamento dos trabalhos pedagógicos? Como isso é resolvido? Os professores cumprem a jornada com pontualidade?

(Quadro 5.2 – continuação)

Educador não docente	Qual a formação do não docente? Qual a carga horária de trabalho? Qual função exerce? Os funcionários cumprem a jornada de trabalho com pontualidade?
Estrutura física da escola	O prédio é adequado? Há materiais didáticos? Os materiais são de qualidade e suficientes? Os livros da biblioteca são atuais e em quantidade suficiente? Qual o número de alunos por sala?
Avaliação do processo	Há avaliação do que foi realizado antes de tomada de decisões? A autoavaliação é realizada periodicamente com o registro de seus resultados? Na escola, as duas estruturas, administrativa e pedagógica, são claramente definidas?
Concepção de ser humano	Que cidadão a escola está educando para o presente e o futuro? Como é trabalhado o ambiente emocional? Existe um clima institucional saudável nas relações entre a comunidade escolar? Que sujeitos, cidadãos a escola quer formar? Qual é a preocupação com os outros? Como é trabalhado o sentimento de irmandade? Como a escola está organizada para assegurar o acesso e a permanência do aluno? Como a escola está organizada para garantir a cidadania, a participação política e a convivência social e cultural dos educandos?
Concepção de sociedade	Que sociedade se tem e que sociedade se quer? Qual é a realidade que se expressa no contexto (econômico, político e social) macro da sociedade? Como é o trabalho, a taxa de desemprego, a desvalorização do trabalho humano; a questão dos bolsões de riqueza e de miséria existindo simultaneamente; a ausência de políticas públicas sociais; a falta de recursos materiais e profissionais na escola?

(Quadro 5.2 – continuação)

Concepção de cultura	A cultura trabalhada nasce da própria realidade? Como a escola possibilita a apropriação dos saberes culturais e historicamente construídos pelos alunos? Que conhecimentos se quer socializar e produzir na escola? Como é o desenvolvimento da consciência ecológica dos alunos como questão de vivência e sobrevivência?
Concepção de educação	Quais as funções educativas predominantes? A escola está atenta às demandas externas e às suas diferentes manifestações? Em que medida a escola está cumprindo o seu papel?
Concepção de conhecimento	Como organizar um plano de estudos para os alunos? O conhecimento tem uma utilidade social? Que conhecimentos/saberes a escola irá trabalhar?
Concepção de ensino/ aprendizagem	O que orienta o projeto na formação dos alunos? Os processos de decisão preveem mecanismos de participação de todos? Como é organizada a ação-reflexão-ação do trabalho pedagógico na construção de práticas educativas transformadoras?
Concepção de educação inclusiva	Como atender os alunos com dificuldades de aprendizagem? Como articular a comunidade escolar na efetivação de uma educação inclusiva? Qual é o trabalho realizado em relação à segregação? Como é tratada a exclusão social e educacional? Que espaços participativos a escola cria? Como a escola estimula, apoia e efetiva a participação do coletivo da escola?
Concepção de avaliação	O que é realizado com os resultados, tanto os positivos quanto os negativos, dos alunos? Como é a prática avaliativa?

(Quadro 5.2 – continuação)

Concepção de escola	Que escola se quer? Quais os compromissos dos órgãos colegiados na organização do curso e na formação do educando, numa perspectiva transformadora do processo educacional? Qual a finalidade da escola?
Gestão democrática	Que gestão educacional se quer? Como organizar um cronograma democrático? Quem é responsável pela organização interna? Como o poder é distribuído entre os atores participantes do processo pedagógico e administrativo da escola? Como é realizado o processo de escolha de diretores? A organização pedagógica e administrativa da escola tem autonomia na gestão escolar? Como se dá o trabalho com a comunidade escolar? A gestão escolar está respeitando a legislação? As divergências de ideias são respeitadas? Como são analisados e inseridos nos processos pedagógicos e administrativos as negociações e os acordos? Quem tem mais responsabilidade na escola? Os órgãos colegiados assumem a sua responsabilidade? O conselho de classe e as reuniões pedagógicas assumem as suas decisões e trazem resultados positivos?
Proposta pedagógica	O que se tem? Aonde se quer chegar? O que se sabe da estrutura pedagógica? Qual é a lógica interna da organização escolar? A escola prepara o aluno para participar da vida econômica, política e cultural do país? A escola esclarece sobre os direitos e deveres da convivência democrática? Os professores participam da elaboração da proposta pedagógica da escola? Todos conhecem a proposta pedagógica? Como é o acesso ao documento em que está definida a proposta pedagógica da escola?

(Quadro 5.2 – continuação)

Instâncias colegiadas	O conselho escolar é formado pelos diferentes grupos da comunidade escolar? Os dirigentes são escolhidos de forma democrática? Como é organizada e incentivada a agilização do grêmio estudantil? Qual a principal função do conselho da escola? Como tornar transparente as ações da escola?
Equipe pedagógica	As reuniões pedagógicas começam e terminam no horário marcado? Há remuneração para trabalhos realizados fora do horário escolar? A equipe promove cursos de capacitação ou formação continuada? Como são organizadas as reuniões pedagógicas entre a equipe e os demais? A escola possui coordenadores, supervisores e orientadores em número suficiente? Como é feita a integração entre os elementos da equipe pedagógica? As mudanças de professores, disciplinas, séries são discutidas coletivamente?
Níveis de ensino	Qual o nível de ensino (educação infantil, especial, de jovens e adultos, ensino fundamental, médio e educação profissional)?
Disciplinas	Como são realizados a integração e o entrosamento entre os professores das disciplinas? Como é determinada a carga horária de cada disciplina? Existe equipamento para trabalhar as diferentes disciplinas? Qual o estado em que se encontram? Há estabelecimento de relações entre os conteúdos das disciplinas e a realidade social? Como são distribuídos as turmas, as disciplinas e os turnos na escola?
Justificativa	É definido com clareza o porquê de se trabalhar as disciplinas? Como é ampliada e/ou transformada a visão do senso comum de cada disciplina? São pensadas atividades de estudo no entorno da escola?

(Quadro 5.2 – continuação)

Objetivos	É claro o objetivo do trabalho de cada conteúdo? Com qual clareza e domínio são determinados os objetivos de cada conteúdo? Como está organizado o trabalho em equipe dos alunos?
Conteúdos estruturantes	Qual trabalho articula a sequência dos conteúdos abordados? Como a escola trabalha a criticidade dos educandos e educadores em relação aos conteúdos curriculares? Como é organizado o conhecimento advindo da teoria e das práticas pedagógica e administrativa da escola? Quais são os grandes desafios da realidade atual? Em que medida eles afetam a todos e aos alunos? Que conteúdos devem ser priorizados em cada disciplina para que os alunos alcancem o entendimento das grandes questões humanas?
Legislação específica da disciplina	A legislação é conhecida e citada na elaboração da disciplina?
Conteúdos específicos por série	Como são ordenados os conteúdos a serem trabalhados? Como são elencados os conceitos necessários a cada série? E como estão organizados por área? Como são escolhidos os conteúdos realmente relevantes para a compreensão de mundo? Como são trabalhados os preconceitos e os estereótipos presentes no universo que circunda a escola (exemplo: livros didáticos)?

(Quadro 5.2 – conclusão)

Metodologias	Em que prioridades os professores se fortalecem para organizar as aulas?
	A escola realiza feiras ou exposições dos trabalhos dos alunos?
	A comunidade é convidada para assistir a feiras e exposições na escola?
	Como os professores se orientam para desenvolver uma metodologia mais dinâmica e mais ativa nas aulas?
	Como o professor pensa que os alunos aprendem?
	O que se está ensinando contribui para que os alunos desenvolvam a compreensão do mundo em que vivem?
	São promovidas visitas no bairro e na cidade?
	São usados diversos recursos metodológicos?
	As salas de aula são organizadas conforme o tipo de atividade realizada?
	Os professores explicam de forma simples e clara?
	Os objetivos das disciplinas são explicados para os alunos?
	Os alunos podem fazer perguntas, conversar sobre os assuntos apresentados, defender suas ideias e mudar de opinião?
Avaliação	Os procedimentos de avaliação estão de acordo com a legislação vigente?
	Que procedimentos são adotados para garantir que o processo de ensino e aprendizagem se efetive?
	O que se está ensinando está sendo aprendido?
	São diagnosticadas as causas para os problemas e propostas alternativas?
	O que avaliar na prática educativa?
	Os alunos podem mostrar suas aprendizagens e seus trabalhos de formas variadas?
	Os professores observam a progressão dos alunos?
	Os alunos são questionados durante as aulas sobre o conteúdo trabalhado?
	São usadas diferentes ferramentas avaliativas?
	Os alunos participam na decisão das formas avaliativas utilizadas?
Comportamental	Como trabalhar a disciplina em sala de aula?

Esse material (Quadro 5.2) não tem a intenção de conduzir nenhum trabalho, pelo contrário, ele deve ser reelaborado constantemente a fim de contemplar diferentes realidades em diferentes tempos. As questões devem ser revistas, algumas descartadas, outras ampliadas ou substituídas.

A reflexão pode e deve ser ampliada em outras instâncias, outras escolas, com outras pessoas. O importante é que ela esteja ancoradas nos dados da realidade do país em que a escola está inserida. Assim, o roteiro é somente uma amostragem do que pode ser realizado em um PPP.

É interessante observar que, mesmo sem percebermos, existem posições, valores, fatos e ideias que determinam os rumos da escola. Por isso, é importante organizarmos coletivamente o seu trabalho pedagógico e administrativo e efetivá-lo. Essa tomada de consciência sobre a posição em que se está possibilita a realização de ações coletivas, a compreensão da realidade da qual se faz parte e contribui para a transformação desta.

Síntese

Neste capítulo, tratamos da defesa dos princípios da gestão democrática: a autonomia, a liberdade, a administração colegiada, a participação efetiva de todos os segmentos da escola na construção da concepção, execução e avaliação da proposta pedagógica, fortalecendo, assim, a organização, o redimensionamento e a avaliação contínua dos mecanismos de gestão democrática, entre os quais se encontram: o conselho escolar, o conselho de classe, a eleição do diretor e do educando representante de turma, a APMF, o grêmio estudantil, entre outros.

Indicações culturais

Filmes

ESCRITORES da liberdade. Direção: Richard LaGravenese. Produção: Danny DeVito. EUA: Paramount Pictures, 2007. 123 min.

O filme retrata a luta de uma professora para conciliar a convivência em uma mesma classe de grupos de diferentes etnias e fazer com que eles se interessem pela disciplina que ensina. Nele há uma cena na qual a professora para sua aula a fim de discutir uma brincadeira de mau gosto entre os alunos da classe. A partir da discussão, ela conhece um pouco da realidade deles e os alunos passam a refletir sobre suas atitudes.

SOCIEDADE dos poetas mortos. Direção: Peter Weir. Produção: Steven Haft, Paul Junger Witt e Tony Thomas. EUA: Buena Vista Pictures, 1989. 129 min.

Um ex-aluno da rígida e tradicional escola preparatória Welton Academy, em 1959, torna-se o novo professor de literatura. Com muito fôlego e disposição, ele resolve estimular seus alunos a aprenderem a viver, não levando em conta a ortodoxia da escola, que logo começa a combater seus métodos.

O filme apresenta uma aula de literatura na qual o professor introduz um conteúdo que, visivelmente, não é agradável à turma. A metodologia com que o professor conduz a aula permite que os alunos mantenham-se interessados e atentos ao tema. Por fim, ele faz uma dinâmica com o objetivo de que os alunos visualizem as situações ou coisas que julgam saber de um ângulo diferente, o que ocasionará em novas descobertas.

O ESPELHO tem duas faces. Direção: Barbra Streisand. Produção: Arnon Milchan e Barbra Streisand. EUA: Sony Pictures Entertainment, 1996. 126 min.

O filme conta a história de dois solitários professores da Columbia University. Ele, Gregory Larkin, é um professor de matemática extremamente introvertido. Ela, Rose Morgan, é uma professora de literatura muito comunicativa.

No filme há uma cena na qual o professor de matemática interage com a turma após a observação da aula de Rose e de seus conselhos. O professor, que a princípio não conseguia a atenção da turma, consegue relacionar seu conteúdo com a realidade dos alunos, tornando a aprendizagem significativa e mantendo o interesse dos discentes em sua aula.

A VOZ do coração. Direção: Christopher Barratier. Produção: Arthur Cohn, Nicolas Mauvernay e Jacques Perrin. França: PlayArte, 2004. 95 min.

Ao retratar aulas de música em um internato da década de 1940, o filme mostra a sensibilidade e o afeto que pode existir numa relação educativa. Crianças e adolescentes considerados delinquentes são transformados em cidadãos com direto a realizações. O professor tem dificuldade para ganhar a confiança dos alunos, mas, quando estes percebem seu carinho e sua dedicação, reagem com igual cumplicidade. Mesmo lidando com a oposição do diretor da instituição, o professor consegue formar um coral que, aos poucos, aperfeiçoa-se e, por fim, torna-se conhecido por toda a França. Outros professores, que a princípio seguiam somente os métodos antiquados da instituição, acabam se mostrando favoráveis às mudanças, que aos poucos transformam o grupo.

Atividades de autoavaliação

1. Segundo os paradigmas da educação, a elaboração do PPP tem como princípio:
    I. que se discutam os problemas da escola, buscando possibilidades de solução e definição das responsabilidades coletivas e individuais; que cada professor elabore o seu plano de ensino, cuja junção vai compor o PPP da escola.
    II. o estudo das diferentes pedagogias, pois elas serão definidoras dos eixos básicos da pedagogia da escola.
    III. que se faça uma articulação coerente entre perspectivas filosóficas, pedagógicas e psicológicas a serem adotadas pela escola.

IV. que se analise a LDBEN, porque o PPP não pode fugir a essas determinações legais.

V. que cada professor elabore o seu plano de ensino, cuja junção vai compor o PPP da escola.

Assinale a alternativa correta:

a) Somente os itens I, III, IV e V são verdadeiros.
b) Somente os itens I, II, III e V são verdadeiros.
c) Somente os itens I, II, III e IV são verdadeiros.
d) Somente os itens I, II, IV e V são verdadeiros.

2. Considerando a gestão democrática, identifique com V (verdadeira) ou F (falsa) as afirmativas a seguir e, depois, assinale a alternativa que apresenta a sequência correta:

( ) A equipe diretiva é o órgão máximo de uma gestão democrática.

( ) O conselho escolar é o órgão máximo da gestão democrática.

( ) A coordenação pedagógica e a equipe diretiva são os órgãos máximos de uma gestão democrática.

( ) Os órgãos colegiados são responsáveis pela organização pedagógica e administrativa da escola.

( ) O processo educacional escolar é de responsabilidade somente do diretor da escola.

a) F, V, F, V, F.
b) F, F, V, V, V.
c) F, V, V, F, F.
d) V, F, V, F, V.

3. No processo de elaboração do PPP, ao sistematizar conceitos e princípios legais e pedagógicos de forma participativa, os educadores alcançam uma melhor compreensão acerca de suas prioridades e estratégias de ação, afastam-se do senso comum e aproximam-se da consciência crítica, da autonomia e da interação com as demais áreas do conhecimento. Marque (V) para as alternativas que intertextualizam com essa afirmação e com (F) as que não o fazem:

( ) É essencial considerarmos o contexto real da comunidade onde o educando vive.

( ) Há a necessidade de análise teórica da prática escolar por meio de um processo dialético.

( ) As informações dos alunos não precisam ser constantemente atualizadas.

( ) Não é preciso elaborar o registro das conclusões de todos os itens relacionados com os alunos.

4. A formação continuada dos educadores fortalecerá o domínio teórico da prática pedagógica e a transformação do processo pedagógico e administrativo da escola através da:

   I. prática do trabalho coletivo emancipador.
   II. possibilidade de construção de instrumental didático.
   III. mudança de metodologia do processo de ensino-aprendizagem.
   IV. inviabilização de propostas articuladas com o projeto educativo.
   V. autonomia do trabalho pedagógico e administrativo.

   Assinale a alternativa correta:
   a) Somente os itens II, III, e IV são verdadeiros.
   b) Somente os itens I, II e III são verdadeiros.
   c) Somente os itens I, II III e V são verdadeiros.
   d) Somente os itens II, III, IV e V são verdadeiros.

5. A escola contemporânea tem assumido várias funções sociais, mas não pode deixar de cumprir bem o seu papel de transformadora da realidade social. Que papel é esse?
   a) Estabelecer relações humanas satisfatórias com os alunos da classe média alta.
   b) Eliminar as diferenças sociais só dos alunos capazes.
   c) Incluir os melhores e excluir os incapazes.
   d) Garantir aos alunos a apropriação dos conhecimentos historicamente acumulados e sistematizados pela humanidade.

Atividades de aprendizagem

Questões para reflexão

1. Qual é a função social da escola hoje? O que é qualidade de ensino? Que tipo de relações interpessoais são buscadas no cotidiano escolar?

1. O que é necessário para que a gestão democrática aconteça de fato? Como é a organização e a participação dos estudantes de sua escola? Existe um grêmio estudantil? Como funciona? Todos sabem o que é o PPP? Como a comunidade escolar tem participado na construção do PPP?

Atividade aplicada: prática

1. Qual tem sido a participação dos pais no cotidiano de nossa escola? O que professores, diretores, funcionários, pais e alunos esperam do trabalho da escola? Que resultado a escola está apresentando para a sociedade? Como tem sido a relação da nossa escola com a comunidade? Como nossa escola tem considerado os alunos na relação ensino-aprendizagem? Que tipo de sociedade a escola tem discutido e ajudado a construir? Faça uma pesquisa de campo e analise os resultados.

Considerações finais

O PPP, em seu sentido genérico, resume-se ao processo de esclarecer objetivos e linhas de ação adequados para alcançá-los. Assim, ele deve estar relacionado aos interesses dos profissionais da educação, somados à comunidade escolar, na busca por uma transformação social.

No contexto da construção de um PPP emergem os conceitos de gestão democrática. Seu processo democrático tem a base na Constituição de 1988 e na LDBEN de 1996, os quais apregoam a incumbência da escola na construção de uma proposta pedagógica de forma coletiva. Sendo assim, a construção do PPP demanda princípios democráticos e socializadores.

Ao analisar esses princípios, percebemos que ultrapassam o conceito de administração escolar, pois abrangem uma série de outras concepções na realização do processo educativo como um todo. A democratização está imersa em um contexto social que necessita de organização colegiada e participativa e que demanda uma consciência dinâmica e flexível, pois a organização escolar é viva e necessita, como qualquer outra, de articulações e de compreensão de seus processos. Também por ser viva precisa desenvolver a cultura ética, política e social na busca pela resolução de seus problemas. Possui, dessa maneira, um caráter antecipatório, com atribuições deliberativas tanto no âmbito administrativo quanto pedagógico, financeiro e gerencial. Dessa forma, esse caráter reflete a democratização escolar.

Percebemos, também, através das análises realizadas neste trabalho, que as políticas públicas e educacionais oficializam a descentralização da gestão escolar, abrindo caminhos para a participação da comunidade e, mesmo não oferecendo recursos para tal, tornando possível parcerias e projetos que supram tais necessidades. Assim, é necessária a participação efetiva de todos os envolvidos no processo educacional das escolas públicas, os quais devem desempenhar o seu papel como sujeitos politicamente organizados, escolhendo o seu representante para participar das instâncias colegiadas da escola – funções inerentes ao desenvolvimento de um projeto de sociedade e de educação. Nesse sentido, todos deverão assumir as funções de dirigentes, articuladores, mediadores e interlocutores nos diversos segmentos da comunidade escolar, na construção de um PPP que contemple os interesses e as necessidades históricas dos alunos das escolas públicas.

A possibilidade do diálogo, atualmente existente nas esferas educacionais, proporciona a participação coletiva da escola e da comunidade, abrindo caminho para uma visão política tanto no papel de liderança do gestor quanto nos planejamentos e execuções necessárias na busca por uma escola de qualidade. Cabe a cada um ter noção do contexto em que se está inserido e trabalhar para mudá-lo conforme as necessidades da maioria. Somente assim é possível a superação dos desafios na construção coletiva do PPP de qualquer escola.

Referências

ANDRÉ, M. E. D. O projeto pedagógico como suporte para novas formas de avaliação. In: CASTRO, A. D.; CARVALHO, A. M. P. (Org.). *Ensinar a ensinar*: didática para a escola fundamental e média. São Paulo: Pioneira Thomson Learning, 2001.

ARROYO, M. A universidade, o trabalhador e o curso noturno. *Revista Universidade e Sociedade*, Brasília, n. 1, 1991. Disponível em: <http://www.andes.org.br/frame_livro1.htm>. Acesso em: 12 mar. 2010.

BARRETO, V. Educação e violência: reflexões preliminares. In: ZALUAR, A. (Org.). *Violência e educação*. São Paulo: Cortez, 1992.

BASTOS, J. B. (Org.). *Gestão democrática*. Rio de Janeiro: DP&A, 2002.

BOBBIO, N. *Estado, governo, sociedade*: para uma teoria geral da política. 8. ed. Rio de Janeiro: Paz e Terra, 2000.

BRASIL. Constituição (1988). *Diário Oficial da União*, Poder Legislativo, Brasília, DF, 5 out. 1988. Disponível em: <http://www.planalto.gov.br/ccivil_03/constituicao/constitui%C3%A7ao.htm>. Acesso em: 17 mar. 2010.

_____. Lei n. 4.024, de 20 de dezembro de 1961. *Diário Oficial da União*, Poder Legislativo, Brasília, DF, 27 dez. 1961. Disponível em: <http://www.planalto.gov.br/ccivil_03/Leis/L4024.htm>. Acesso em: 28 abr. 2010.

_____. Lei n. 5.692, de 11 de agosto de 1971. *Diário Oficial da União*, Poder Legislativo, Brasília, DF, 12 ago. 1971. Disponível em: <http://www.planalto.gov.br/ccivil/leis/L5692.htm>. Acesso em: 23 mar. 2010.

_____. Lei n. 8.069, de 13 de julho de 1990. *Diário Oficial da União*, Poder Legislativo, Brasília, DF, 16 jul. 1990. Disponível em: <http://www.planalto.gov.br/ccivil03/Leis/L8069/htm>. Acesso em: 17 mar. 2010.

BRASIL. Lei n. 9.394, de 20 de dezembro de 1996. *Diário Oficial da União*, Poder Legislativo, Brasília, DF, 23 dez. 1996. Disponível em: <http://www.planalto.gov.br/CCIVIL/LEIS/l9394.htm>. Acesso em: 17 mar. 2010.

_____. Lei n. 10.172, de 9 de janeiro de 2001. *Diário Oficial da União*, Poder Legislativo, Brasília, DF, 10 jan. 2001. Disponível em: <http://www.planalto.gov.br/ccivil_03/leis/leis_2001/l10172.htm>. Acesso em: 17 mar. 2010.

_____. Lei n. 11.274, de 6 de fevereiro de 2006. *Diário Oficial da União*, Poder Legislativo, Brasília, DF, 7 fev. 2006. Disponível em: <http://www.planalto.gov.br/ccivil/_Ato2004-2006/2006/Lei/L11274.htm>. Acesso em: 23 mar. 2010.

BRASIL. Ministério da Educação e do Desporto. Secretaria de Educação Fundamental. *Parâmetros curriculares nacionais*: introdução aos parâmetros curriculares nacionais. Brasília: MEC/SEF, 1997.

BRASIL. Ministério da Educação. Secretaria de Educação Básica. *Conselho escolar e o aproveitamento significativo do tempo pedagógico*. Brasília: MEC/SEB, 2004. (Programa Nacional de Fortalecimento dos Conselhos Escolares. Caderno 4). Disponível em: <http://portal.mec.gov.br/seb/arquivos/pdf/Consescol/ce_cad4.pdf>. Acesso em: 23 abr. 2010.

_____. *Estatuto do Conselho Escolar*. Brasília, 2005. Disponível em: <http://portal.mec.gov.br/seb/arquivos/pdf/Consescol/pr_lond_sttt.pdf>. Acesso em: 30 abr. 2010.

CHAUI, M. et al. A ética na política: entrevista com Marilena Chauí. In: CHAUÍ, M.; GUIMARÃES, J. *Leituras da crise*: diálogos sobre o PT, a democracia brasileira e o socialismo. São Paulo: Fundação Perseu Abramo, 2006.

CHIAVENATO, I. *Gestão de pessoas*: o novo papel dos recursos humanos nas organizações. São Paulo: Atlas, 2003.

COSTA. M. T. A. *Projetos transdisciplinares*: uma possibilidade de educação científico-tecnológica e sócio-histórica para os que vivem do trabalho. 2004. 120 f. Dissertação (Mestrado em Educação) – Universidade Federal do Paraná, Curitiba, 2004.

CURY, C. R. J. Gestão democrática da educação: exigências e desafios. *Revista Brasileira de Política e Administração da Educação*, São Bernardo do Campo, v. 18, n. 2, p. 163-174, jul./dez. 2002.

DESCARTES, R. *Regras para a orientação do espírito*. São Paulo: M. Fontes, 2001.

FERREIRA, A. B. de H. *Dicionário Aurélio básico da língua portuguesa*. Rio de Janeiro: Nova Fronteira, 2009.

FERREIRA, N. S. C. *Gestão democrática da educação*: atuais tendências, novos desafios. 2. ed. São Paulo: Cortez, 2000.

FERREIRA, N. S. C.; AGUIAR, M. A. S. (Org.). *Gestão da educação*: impasses, perspectivas e compromissos. São Paulo: Cortez, 2000.

FONTES, V. Capitalismo, imperialismo, movimentos sociais e lutas de classes. *Revista em Pauta*, Rio de Janeiro, n. 21, p. 23-36, 2008.

FREIRE, P. *Pedagogia da autonomia*: saberes necessários à prática educativa. São Paulo: Paz e Terra, 2007. (Coleção Leitura).

FREITAS, K. F. (Coord.). *Grêmio estudantil*. Disponível em: <http://www.liderisp.ufba.br/modulos/gremio.pdf>. Acesso em: 23 mar. 2010.

FREITAS, L. C. de. *Crítica da organização do trabalho pedagógico e da didática*. São Paulo: Papirus, 2004.

FRIGERIO, G. As reformas educacionais reformam as escolas ou as escolas reformam as reformas? In: UNESCO. Oficina Regional de Educación de La Unesco para América Latina y el Caribe. *Educação na América Latina*: análise de perspectivas. Brasília: Unesco/Orealc, 2002. p. 193-214.

FRIGOTTO, G. *A educação e a crise do capitalismo real*. São Paulo: Cortez, 1995.

GADOTTI, M. *Organização do trabalho na escola*: alguns pressupostos. São Paulo: Ática, 1994.

_____. *Pedagogia da práxis*. São Paulo: Cortez, 2004.

GADOTTI, M.; ROMÃO, J. E. (Org.). *Autonomia da escola*: princípios e propostas. São Paulo: Cortez, 1997.

GANDIN, D.; GANDIN, L. A. *Temas para um projeto político-pedagógico*. 6. ed. Petrópolis: Vozes, 2003.

GHIRALDELLI JUNIOR, P. *O que é pedagogia?* 3. ed. São Paulo: Brasiliense, 2007.

GOUNET, T. *Fordismo e Toyotismo na civilização do automóvel*. São Paulo: Boitempo, 1999.

GRÁCIO, J. da C.; AGUIAR, R. C. F. Grêmio estudantil: construindo novas relações na escola. In: BASTOS, J. B. (Org.). *Gestão democrática*. Rio de Janeiro: DP&A; Sepe, 2002.

HABERMAS, J. *Verdade e justificação*: ensaios filosóficos. São Paulo: Loyola, 2004.

KATZ, R.; BRAGA, R.; COGGIOLA, O. *Novas tecnologias*: crítica da atual reestruturação produtiva. São Paulo: Xamã, 1995.

KOSIK, K. *Dialética do concreto*. São Paulo: Paz e Terra, 1995.

KRAWCZYK, N. A gestão escolar: um campo minado... Análise das propostas de 11 municípios brasileiros. *Educação & Sociedade*, Campinas, v. 20, n. 67, ago. 1999. Disponível em: <http://www.scielo.br/scielo.php?script=sci_arttext&pid=S0101-73301999000200005>. Acesso em: 29 abr. 2010.

KUENZER, A. Z. As mudanças no mundo do trabalho e a educação: novos desafios para a gestão. In: FERREIRA, N. S. C. (Org.). Gestão democrática da educação: atuais tendências, novos desafios. 3. ed. São Paulo: Cortez, 2000. p. 33-57.

_____. Competência como práxis: os dilemas da relação entre teoria e prática na educação dos trabalhadores. *Boletim Técnico do SENAC*, Rio de Janeiro, v. 29, n. 1, jan./abr. 2003.

LIBÂNEO, J. C. *Democratização da escola pública*: a pedagogia crítico-social dos conteúdos. São Paulo: Loyola, 1987.

_____. *Organização e gestão da escola*: teoria e prática. 5. ed. Goiânia: Alternativa, 2004.

_____. *Pedagogia e pedagogos, para quê?* São Paulo: Cortez, 2002.

_____. Que destino os educadores darão à pedagogia? In: PIMENTA, S. G. (Org.). *Pedagogia, ciência da educação?* São Paulo: Cortez, 1996.

LIBÂNEO, J. C.; OLIVEIRA, J. F.; TOSCHI, M. S. *Educação escolar*: políticas, estrutura e organização. 2. ed. São Paulo: Cortez, 2005.

LIBÂNEO, J. C.; PIMENTA, S. G. Formação de profissionais da educação: visão crítica e perspectiva de mudança. *Educação & Sociedade,* Campinas, ano XX, n. 68, dez. 1999.

LÜCK, H. *A escola participativa*: o trabalho do gestor escolar. Rio de Janeiro: DP&A; Consed; Unicef, 2000.

LUNARDI, G. M. A função social da escolarização básica: reflexões sobre as práticas curriculares da escola. In: CONGRESSO LUSO-AFRO-BRASILEIRO DE CIÊNCIAS SOCIAIS, 8., 2004, Coimbra. *A questão social no novo milênio*. Coimbra: CES, 2004.

MOREIRA, A. F.; SILVA, T. T. (Org.). *Cultura, currículo e sociedade.* São Paulo: Cortez, 1996.

NÓVOA, A. (Org.). *Profissão professor*. 2. ed. Porto: Porto Ed., 1995.

OLIVEIRA, D. A. A gestão democrática da educação no contexto da reforma do estado. In: FERREIRA, N. S. C.; AGUIAR, A. S. *Gestão da educação*: impasses, perspectivas e compromissos. São Paulo: Cortez, 2000.

PADILHA, P. R. *Planejamento dialógico*: como construir o projeto político-pedagógico da escola. São Paulo: Cortez, 2004.

PARO, V. H. *Administração escolar:* introdução crítica. 12. ed. São Paulo: Cortez, 2003.

_____. *Escritos sobre educação.* São Paulo: Xamã, 2001.

PRAIS, M. de L. M. *Administração colegiada na escola pública.* 3. ed. São Paulo: Papirus, 1994.

SÁNCHEZ VÁSQUEZ, A. *Filosofia da práxis.* Rio de Janeiro: Paz e Terra, 1968.

SANDER, B. *Gestão da educação na América Latina*: construção e reconstrução do conhecimento. São Paulo: Autores Associados, 1995.

SANTA CATARINA (Estado). *Portal da Educação.* Disponível em: <http://www.sed.sc.gov.br/secretaria/>. Acesso em: 23 mar. 2010.

SAVIANI, D. *Educação*: do senso comum à consciência filosófica. São Paulo: Cortez, 1983.

_____. *Escola e democracia*: teorias da educação, curvatura da vara, onze teses sobre a educação política. São Paulo: Autores Associados, 2002. (Coleção Polêmicas do Nosso Tempo, v. 5).

_____. *Pedagogia histórico-crítica*: primeiras aproximações. 3. ed. São Paulo: Cortez, 1992.

SAVIANI, D. et al. *LDB*: leis de diretrizes e bases da educação. São Paulo: Cortez, 1990.

SETUBAL, M. A.; SAMPAIO, M. M. F.; GROSBAUM, M. W. *Currículo e autonomia da escola.* Disponível em: <http://www.cenpec.org.br/memoria/uploads/F205_045-05-00003%20curriculo%20e%20autonomia%20da%20escola.pdf>. Acesso em: 30 abr. 2010.

SILVA, A. M. M. *Escola pública e a formação da cidadania*: possibilidades e limites. 2000. 214 f. Tese (Doutorado em Educação) – Universidade de São Paulo, São Paulo, 2000.

SILVA, J. M. da. *A autonomia da escola pública*: a re-humanização da escola. 5. ed. São Paulo: Papirus, 1998. (Coleção Práxis).

SILVA, T. T. *Documentos de identidade*: uma introdução às teorias do currículo. Belo Horizonte: Autêntica, 1999.

SILVA JUNIOR, C. A. *Supervisão da educação*: do autoritarismo ingênuo à vontade coletiva. São Paulo: Cortez, 1991.

SOUSA, J. V.; CORRÊA, J. Projeto pedagógico: a autonomia construída no cotidiano da escola. In: VIEIRA, S. L. (Org.). *Gestão da escola*: desafios a enfrentar. Rio de Janeiro: DP&A, 2002.

SOUZA, S. A. *Gestão escolar compartilhada*: democracia ou descompromisso? São Paulo: Xamã, 2001.

TEIXEIRA, L. H. G. *Cultura organizacional e projeto de mudança em escolas públicas*: um estudo de escolas da rede estadual de Minas Gerais. Recife. 1998. 156 f. Tese (Doutorado em Educação) – Universidade Católica de Pernambuco, Recife, 1998.

VASCONCELLOS, C. dos S. *Planejamento*: plano de ensino-aprendizagem e processo educativo. São Paulo: Libertad, 1995.

VEIGA, I. P. A. (Org.). *Projeto político-pedagógico da escola*: uma construção possível. Campinas: Papirus, 2004.

VEIGA, I. P. A. (Org.). *Projeto político-pedagógico da escola*: uma construção possível. 13. ed. Campinas: Papirus, 1995.

_____. *Quem sabe faz a hora de construir o projeto político-pedagógico*. Campinas: Papirus, 2007.

VEIGA, I. P. A. et al. *Licenciatura em pedagogia*: realidades, incertezas, utopias. Campinas: Papirus, 1998.

VEIGA, I. P. A.; RESENDE, L. M. G. (Org.). *Escola*: espaço do projeto político-pedagógico. Campinas: Papirus, 1998.

WARDE, M. J. Considerações sobre a autonomia da escola. *Revista Ideias*: o diretor-articulador do projeto de escola. São Paulo: FDE, 1992.

WERLE, F. O. C. *Conselhos escolares*: implicações na gestão da escola básica. Rio de Janeiro: DPA, 2003.

Bibliografia comentada

FREIRE, P. *Pedagogia da autonomia*: saberes necessários à prática educativa. São Paulo: Paz e Terra, 2007. (Coleção Leitura).

Essa obra traz uma reflexão sobre os saberes necessários à prática educativa crítica. Paulo Freire analisa a prática pedagógica autônoma do professor em relação ao modo de ser e de saber do educando, por meio do respeito ao conhecimento trazido por este, considerado um sujeito social e histórico. O autor fala sobre a ética universal do ser humano, necessária para a prática do trabalho docente e, também, que o ensino não depende exclusivamente do professor e nem do aluno: "Quem ensina aprende ao ensinar, e quem aprende ensina ao aprender" (p. 25).

GANDIN, D.; GANDIN, L. A. *Temas para um projeto político-pedagógico*. 5. ed. Petrópolis: Vozes, 1999.

Essa obra aborda as incumbências da escola, segundo a última LDBEN, na elaboração do PPP. O autor discorre sobre o planejamento participativo e estratégico, a metodologia cidadã e a qualidade total em educação, bem como sobre o neoliberalismo, a construção do conhecimento e a educação libertadora. Também são abordadas no livro questões sobre o trabalho do professor e a tecnologia.

PARO, V. H. *Administração escolar*: introdução crítica. 2. ed. São Paulo: Cortez, 2003.

Essa obra trata sobre a administração escolar voltada para a transformação social. Paro aborda o conceito de administração em sua forma geral e abstrata. Ele analisa o capitalismo e sua articulação com os interesses dominantes e também a escola como partícipe da transformação social. Ao discorrer sobre transformação social e educação escolar, o autor faz a analogia necessária para entender esse movimento, tanto a superação das sociedades de classes como a transformação social e a natureza do processo de produção pedagógico na escola.

VEIGA, I. P. A. (Org.). Projeto político-pedagógico da escola: uma construção possível. São Paulo: Papirus, 2004.

Essa obra aborda a construção coletiva do projeto pedagógico, a gestão na escola, as relações de poder, a autonomia, os princípios básicos de planejamento participativo, as relações de ensino-aprendizagem e a organização dos educadores. A autora defende a reflexão permanente sobre os problemas da escola e a constante busca de diferentes alternativas para a solução destes através da "construção de um processo democrático de decisões que visa eliminar as relações competitivas, corporativas e autoritárias, rompendo com a rotina burocrática no interior da escola" (p. 13), sempre partindo da realidade da escola, de sua particularidade. É uma leitura necessária para quem está trabalhando na construção do PPP de sua escola ou estudando sobre esse assunto.

Respostas

CAPÍTULO 1

Atividades de autoavaliação
1. VVVV
2. FVFF
3. VVVV
4. VVVV
5. VVVV

Atividades de aprendizagem
Questões para reflexão

1. Em relação ao tema, encontramos a resposta nos arts. 12, 13, 14 e 15 da Lei nº 9.394/1996.

    a) ser processo participativo de decisões;

    b) preocupar-se em instaurar uma forma de organização de trabalho pedagógico que desvele os conflitos e as contradições;

    c) explicitar princípios baseados na autonomia da escola, na solidariedade entre os agentes educativos e no estímulo à participação de todos em um projeto comum e coletivo;

    d) conter opções explícitas na direção de superar problemas no decorrer do trabalho educativo voltado para uma realidade específica;

    e) explicitar o compromisso com a formação do cidadão.

2. O aluno deve se basear na leitura deste capítulo para responder a essa questão.

CAPÍTULO 2

Atividades de autoavaliação
1. a
2. d
3. c
4. a
5. d

Atividades de aprendizagem
Questões para reflexão

1. O aluno deve fazer uma relação entre a escola e os problemas sociais característicos de cada local. Esse exercício é reflexivo e tem como finalidade confrontar a realidade existente com uma realidade idealizada.

2. O aluno deve realizar uma observação sobre a realização do princípio de reconhecimento das diferenças, se ele realmente acontece e quais os resultados obtidos.

CAPÍTULO 3

Atividades de autoavaliação
1. VVVV
2. b
3. d
4. d
5. d

Atividades de aprendizagem
Questões para reflexão

1. A interação entre as pessoas é uma forma de promoção humana, nas escolas essa relação é mais significativa que nas empresas convencionais, pois elas têm como especificidade a formação humana; é uma unidade social que reúne pessoas que se integram e interagem entre si.

2. O aluno pode apresentar sugestões como explanação oral, apresentação em datas comemorativas, painéis, aulas, seminários e outras atividades coletivas.

CAPÍTULO 4

Atividades de autoavaliação
1. b
2. d
3. d
4. d
5. c
6. d
7. d
8. a

Atividades de aprendizagem
Questões para reflexão
1. O aluno deve refletir sobre a questão e responder de acordo com as suas experiências.
2. O aluno deve responder de acordo com as suas experiências.

CAPÍTULO 5

Atividades de autoavaliação
1. c
2. a
3. VVFF
4. c
5. d

Atividades de aprendizagem
Questões para reflexão

1. O aluno deve responder de acordo com as suas práticas escolares.

2. O aluno deve refletir sobre a questão e responder com base em suas experiências.

Nota sobre os autores

Benjamin Perez Maia nasceu em Mandaguari – PR. Com seis anos de idade, mudou-se para Indianópolis – PR. Nessa cidade, estudou da primeira à quarta série na Escola Rural Barão do Rio Branco, da quinta à oitava Série na Escola Estadual Indianópolis e o ensino médio no Colégio Estadual Isolda Schmidt. Trabalhou na agricultura até os 20 anos, durante todo o período da educação básica, o que contribuiu para a sua facilidade de trabalhar e entender as pessoas, os movimentos sociais e a preservação do meio ambiente. Cursou graduação em Filosofia (1985) na Pontifícia Universidade Católica do Paraná (PUCPR), Pedagogia (1997) na Universidade Federal do Paraná (UFPR) e Psicopedagogia (2001) na Universidade Tuiuti do Paraná (UTP). Em 2004, defendeu a dissertação de mestrado pela UFPR com o tema: "Educação, saúde e ética: o 'agir comunicativo' entre professor e aluno". Atualmente é professor da rede pública do Estado do Paraná, onde já trabalhou como diretor de escola, e trabalha na Secretaria de Educação do Paraná (Seed) como coordenador pedagógico. É professor em diferentes cursos de graduação e pós-graduação, tanto na área pedagógica como na administrativa, participando ativamente da construção e efetivação do PPP na escola pública.

Margarete Terezinha de Andrade Costa é professora, natural de Curitiba – PR. Formou-se em Letras (1983) pela PUCPR, iniciando o trabalho docente antes mesmo de concluir a graduação. Em 1999 concluiu o curso de Pedagogia, também pela PUCPR, e, concomitantemente, frequentou o curso de especialização em Metodologia do Ensino no Instituto Brasileiro de Pós-Graduação e Extensão (Ibpex). Em 2004, defendeu a dissertação de mestrado pela UFPR com o tema "Projetos transdisciplinares: uma possibilidade de educação científico-tecnológico e sócio-histórico para os que vivem do trabalho". Atualmente é professora da rede pública do Estado do Paraná e também em diferentes cursos de graduação e pós-graduação, tanto na área pedagógica como na administrativa. Participa ativamente da construção e efetivação do PPP na escola pública.

Impressão: Cargraphics
Dezembro/2011